Natalie John
Gebrauchsanweisung für New York

Zu diesem Buch

Wenn es um New York geht, schwanken die Bewertungen zwischen Alptraum und Paradies: Was dem einen als wahrer Moloch erscheint, gilt dem anderen als Höhepunkt urbaner Kultur, multikultureller Toleranz und höchster Kreativität. Für New York – soviel ist sicher – braucht man eine gründliche Anleitung. Natalie John zeigt in ihrer Gebrauchsanweisung für die amerikanische Metropole die zentralen Überlebenstechniken, die jeder Fremde benötigt, und gibt zahlreiche Insider-Tips, die man von New Yorkern nur nach langer Vertrautheit erhält. Sie schildert Glanz und Glamour, aber auch die wurmstichigen Seiten des »Big Apple«, und zeichnet so ein lebendiges Bild der verrücktesten Stadt der Welt.

Natalie John, geboren 1965 in Rosenheim, ist freie Journalistin und aufgrund zahlreicher längerer Aufenthalte in New York eine intime Kennerin der Tag- und Nachtseiten der amerikanischen Metropole.

Natalie John
Gebrauchsanweisung
für New York

Piper München Zürich

In der Serie Piper liegen folgende Gebrauchsanweisungen vor:
Gebrauchsanweisung für Japan (Gerhard Dambmann, 3225)
Gebrauchsanweisung für Deutschland (Maxim Gorski, 3226)
Gebrauchsanweisung für New York (Natalie John, 3227)
Gebrauchsanweisung für Irland (Ralf Sotscheck, 3228)

Ungekürzte Taschenbuchausgabe
1. Auflage Dezember 2000
2. Auflage Mai 2001
© 1996 Piper Verlag GmbH, München
Umschlag: Büro Hamburg
Stefanie Oberbeck, Katrin Hoffmann
Foto Umschlagvorderseite: ZEFA / Strange
Gesamtherstellung: Clausen & Bosse, Leck
Printed in Germany   ISBN 3-492-23227-2

Special thanks to my dear friend
Carol Danhauser Leonetti

Inhalt

Einleitung:
Von der unwiderstehlichen Anziehungskraft
einer schrecklich schönen Stadt

Das nächtliche New York liegt ausgebreitet unter mir, die Skyline der Wolkenkratzer gleicht einer Fieberkurve über dem Krankenbett. Mit Meergeruch in der Nase schwelge ich in der Lichterorgie und muß Le Corbusier wieder einmal recht geben: »New York ist wie ein ausgebreiteter Juwelenhaufen.«

New York ist schön. New York ist schrecklich. Es ist ausgeflippt und bodenständig, schöpferisch und zerstörerisch. Es ist überfüllt, laut, schmutzig und völlig überdreht, zeigt sich tagtäglich von seiner Schattenseite. Jedes Urteil, jedes Vorurteil, das je über den Big Apple geäußert wurde, trifft zu.

Und jetzt vergessen Sie alles wieder, was Sie je gehört haben, denn das, was noch gestern über diese Stadt gesagt wurde, ist heute schon nicht mehr wahr. Ihr markantester Charakterzug ist die dynamische Veränderung, New York erneuert sich in jeder Generation. Die Neubauten von heute sind die Ruinen von morgen, auf jedem Trümmerhaufen wachsen neue Träume, jeder Abschied wird zum Neubeginn.

Wenn Sie schon in New York sind, soll Ihnen die *Gebrauchsanweisung* neben ein paar unterhaltsamen Lesestunden nützliche Tips mit auf den Weg geben. Wenn Sie sich – vielleicht gerade im Flugzeug – geistig, seelisch und körperlich auf New York vorbereiten, wird die Lektüre Ihre Vorfreude steigern, und wenn Sie in dieser *Gebrauchsanweisung* einfach nur schmökern, wird Ihr nächster Urlaub in den Big Apple gehen – wetten?

Willkommen in der verrücktesten Stadt der Welt!

Zugegeben, so richtig entdecken und genießen kann man all die Vorzüge der Metropole zwischen Hudson und East River erst nach einer Probezeit. Sie sind angekommen und stehen völlig verschreckt inmitten der millionenfenstrigen Wolkenkratzer aus Stahl, Glas, Ziegel und Zement, die dichtgedrängt auf der schmalen Insel gen Himmel ragen. Sie finden die Straßen schmutzig, den Verkehr tödlich.

Sie hasten lustlos von Geschäft zu Geschäft, schnüffeln angewidert den Sauerstoff New Yorks – ein Gemisch aus Kohlenstaub und Salpetersäure –, vergraben sich des Abends in Ihrem Hotelzimmer und versuchen, sich die Stadt so weit wie möglich vom Hals zu halten.

Doch plötzlich reißt der Knoten. Sie stehen vor einem flippig dekorierten Schaufenster, und ganz unverhofft überkommt Sie ein eigenartiges Feeling. Die Unsicherheit weicht einem Gefühl der Freiheit und der Neugier. Sie atmen tief durch und nehmen die Stadt in sich auf.

Sie blicken den Entgegenkommenden ins Gesicht, entdecken den Menschen im Fremden, eine unsichtbare Kraft entlädt sich, und Sie spüren den Mythos der Stadt am eigenen Körper.

Nichts in New York ist einzigartig. Sie können tun, was Sie wollen, niemand interessiert sich dafür: Ziehen Sie sich an wie ein Millionär, treffen Sie hundert andere mit noch erlesenerer Kleidung. Sind Sie in ausgefransten Hosen und verwaschenem T-Shirt unterwegs, zeigen

Ihnen zahllose andere, wie man sich phantastischer in Lumpen hüllt. Wagen Sie sich im Indianerkostüm vom letzten Karneval auf die Straße, findet sich bestimmt jemand im Leopardenkostüm. In New York herrscht Narrenfreiheit.

Eine beklemmende Frage bedrängt nicht nur die ängstliche Natur vor Reiseantritt: Wie komme ich lebend, unversehrt und unberaubt durch diese Stadt, die immer wieder gern als Tummelplatz von Mafiosi, Drogendealern und Obdachlosen beschrieben wird? Lauert nicht an jeder Ecke ein Messerstecher, hat es nicht jeder grimmig dreinblickende Subway-Fahrer auf meine Travellerschecks und Großmutters Erbstück an meinem Handgelenk abgesehen?

Rund 2000 Verbrechen werden täglich in New York begangen. Der kühle Rechner wird sich nun erschreckt ausrechnen, daß seine Chancen, Opfer eines Überfalls zu werden, relativ gut stehen. Stellt man dieser Zahl jedoch die über 7,3 Millionen Einwohner gegenüber, sinken die Chancen schon wieder beträchtlich.

Grundsätzlich gilt: Nicht jeder dick vermummte Zeitgenosse wartet nur darauf, Sie zu überfallen, nicht jeder, der Sie unvermutet anspricht, will Ihnen Böses. Nicht immer, wenn Sie Schritte im Dunkeln hören, sind Sie in akuter Lebensgefahr. New York ist im Grunde nicht gefährlicher als jede andere Großstadt auch.

Wenn Sie also die gängigen Vorsichtsmaßnahmen befolgen, ein gesundes Maß an Vorsicht walten lassen, nicht unbedingt einen Ausflug in die South Bronx unternehmen, nachts nicht durch einsame Gassen oder den Central Park schlendern, zu später Stunde die Subway meiden, besteht kein Grund, gesenkten Hauptes mit geballter Faust die Straßen entlangzuschleichen oder sich furchtsam im Hotelzimmer zu verkriechen.

Auf den nichtsahnenden Besucher lauert vielmehr eine Gefahr ganz anderer Art: New York macht süchtig – sagen Sie nicht, ich hätte Sie nicht gewarnt!

Extratouren

Um New York kennenzulernen, gibt es verschiedene Möglichkeiten. Da wäre die herkömmliche Art, sich mit der Nase im Reiseführer seinen Weg durch den Big Apple zu bahnen mit der Gefahr, einige der interessantesten Spots zu versäumen oder zum wohlverdienten Mittagessen in einem gastronomischen Geheimtip zu landen – man hält sich ja schließlich an die Vorschläge der Verfasser –, der im unglaublichen Rhythmus der Stadt bereits wieder untergegangen ist. Oder man schließt sich einer organisierten Besichtigungstour an. Raus aus dem Bus, Fotos gemacht, zurück in den Bus – wobei den bleibendsten Eindruck oftmals das Haupt des Vordermannes oder die Seitenansicht der Nebensitzerin hinterläßt und die Lunchpause zur Touristenabfütterung gerät.

Im besten Fall hat man am Ende seiner Sightseeing-Tour Miss Liberty in die Augen geblickt, das Empire State Building erstiegen, SoHo, Little Italy und Chinatown einen Besuch abgestattet. Doch völlig verborgen bleiben einem die Geheimnisse und die Lebensweise des typischen New Yorkers.

Um diese besorgniserregende Wissenslücke zu stopfen, gibt es seit kurzem eine weitere Möglichkeit, New York zu entdecken: »Get your personal guide.«

Mr. Smith, Mr. Danhauser oder Mrs. Schiller, wohnhaft in New York City, N. Y., führen den Besucher durch den Großstadtdschungel. Und, man höre und staune, dieses sogar umsonst!

Probieren geht über studieren, auch über das Studium von Reiseführern. Treffpunkt Central Park, Mr. Henry G. übernimmt die Führung. Oder vielmehr Mr. Henry G.'s halbhoher schwarzweiß gefleckter Hund, der auf den phantasievollen Namen »Doggie« hört. Henry, ein ehemaliger Lehrer in den späten Sechzigern, Typ Stadtneurotiker, und Doggie kennen die Stadt wie ihre Westentasche, führen unverzagt in düstere Gassen, leiten souverän durch entlegene Viertel und assistieren gekonnt beim Souvenirkauf.

Ab und an wird unser Sightseeing-Bummel jäh unterbrochen. Wenn sich Doggie anschickt, auf dem Pflaster seine Spuren zu hinterlassen, ist Henry sofort zur Stelle, um diese unverzüglich zu beseitigen. Aus finanziellen Gründen: Wer die Exkremente seines Vierbeiners nicht aus dem Weg schafft, muß mit einem Bußgeld von über 200 Dollar rechnen. Ansonsten sei New York eine tierliebe Stadt, versichert Henry beim Passieren der Saint-John's-Kathedrale und ist bei seinem Lieblingsthema: Doggie. Einmal im Jahr legt Herrchen ihm das feinste Halsband an und führt ihn in die Kathedrale, denn an jedem ersten Sonntag im Oktober geht es in Saint-John's tierisch zu: Es wird eine Messe für Tiere gelesen. Doggie befindet sich in Gesellschaft von Katzen, Vögeln, Goldfischen im Glas, ja sogar Schlangen und Elefanten gehören mitunter zu den Teilnehmern.

Und geht es einmal zu Ende mit Doggie, bleibt er ebenfalls unter seinesgleichen. Herrchen hat vorgesorgt und für seinen vierbeinigen Liebling einen Platz auf dem Hartsdale Pet Cemetery, dem ältesten Tierfriedhof der Welt, reserviert.

Das sei noch gar nichts, bemerkt Henry zu unserem erstaunten Gesichtsausdruck. Er kenne Hundebesitzer, die im *Fashion for animals* ihren Vierbeiner mit Socken, Anzügen und Pelzmänteln versorgen, um dann im Partnerlook spazierenzugehen. Wird dem geliebten Haustier die ihm entgegengebrachte Aufmerksamkeit zuviel und schlittert es in eine seelische Krise, gibt man es in die Obhut eines Tierpsychiaters.

Aber keinesfalls Doggie. Dieser schnuppert aufgeregt, äußerst lebendig und im Originalfell die Straßen New Yorks entlang.

Unsere beiden Fremdenführer begleiten uns weiter zu den herkömmlichen Sehenswürdigkeiten, finden einen original bayerischen Biergarten und präsentieren voll Stolz einen Rund-ums-Jahr-Weihnachtsladen, aus dem von Januar bis Dezember unerbittlich »Jingle Bells« ertönt.

Zum krönenden Abschluß serviert Henry das Dinner bei sich zu Hause. Hamburger, was sonst. Womit man auch schon das gängige Vorurteil vom hamburgeressenden, coketrinkenden Amerikaner bestätigt sehen könnte. Doch weit gefehlt, wie Ihnen der Ausflug in den New Yorker Gastrodschungel an späterer Stelle beweisen wird.

Zurück zu Henry G. und Doggie und einem Resümee der *personal* Sightseeing-Erfahrung: Trotz *guide* hat sich das wahre New Yorker Innenleben noch nicht vollständig vor uns aufgetan. Allein, wir erfuhren Nützliches über Tierhaltung, wissen nun, wo man im Hochsommer eine Schneekugel findet und sind in der glücklichen Lage, eine *hot pretzel* zu essen, ohne Ärmel und Hose mit der schmierig-gelben Pseudosenfmasse zu bekleckern.

»Wir wollen Ihr Freund sein, wenn Sie nach New York kommen und niemanden kennen«, unter diesem Motto gründete Lynn Brooks 1992 die Big Apple Volonteer Greater Agentur, über 500 Freiwillige stehen ihr als *personal guides* zur Verfügung, über 4800 Besucher nahmen schon an den Gratistouren teil.

Die geführten Entdeckungstouren erschöpfen sich natürlich nicht mit Henry und Co.; man kann sich New York auch per *special interest tour* (457 Madison Av.) erschließen. Neben den gewöhnlichen Ausflügen in die Stadtteile können Sie auf diese Weise beispielsweise den Bahnhof Grand Central Terminal in allen Einzelheiten kennenlernen. Sie werden in die Architektur und Bauweise des Bahnhofs eingeweiht. Eine Tour nicht nur für Hobbyzugführer und Spielzeugeisenbahner – keine Sorge, das genaue Studium der Fahrpläne gehört nicht zum Programm.

Einkaufslustige Damen führt die Ladies' Mile in die Welt der großen Kaufhäuser. Hochhäuserfreaks können sich der *Downtown Skyscraper Evolution Tour* anschließen (empfindliche Naturen müssen nach der Besichtigung mit einem steifen Nacken rechnen…), und Besuchern, die von New Yorks Kirchen nicht genug bekommen können, sei die *East Side Churches Tour* ans Herz gelegt.

Wer Sinn für Ausgefallenes hat, Pflanzenliebhaber und/oder Vegetarier ist, dem sei die Unkraut-Tour durch New York empfohlen. Eingeführt hat diesen zugegebenermaßen *special special interest*-Ausflug durch die Straßen Steve Wildmann, der vor gut zehn Jahren damit begann, Interessierten das Kräuterwachstum im Großstadtdschungel zu erklären.

Was zwischen dem Asphalt und in Parks an Eßbarem grünte und blühte, nahm er mit nach Hause und offerierte es seinen Kunden als Abschlußmahl. Bis die Stadtverwaltung mit seinen Extratouren Schluß machte. Einer Verhaftung entging er durch Vernichtung, genauer: Verspeisen des Beweismaterials. Den Unkrautexperten kümmerte das Verbot wenig, er führte weiter. Die Kommune lockte ihn schließlich mit einer Stellung in der Stadtverwaltung und bot ihm die einzigartige Möglichkeit, seine Touren unter der städtischen Oberaufsicht weiterzuführen. Vier Jahre später wurde der Grün-Freak zwar wegen chronischen Zuspätkommens entlassen, doch Steve Wildmanns Unkraut-Extratouren gehen weiter...

Ein nicht autorisierter Ausflug ins Grüne scheint Ihnen zu abenteuerlich? Eine Alternative wäre es, sich vom Gärtner des Bryant Park, Michael Levine, in die Geheimnisse der Natur einweihen zu lassen, oder es mit der *Urban Park Rangers Tour* zu versuchen.

Wollten Sie schon immer im Bus an den Studios vorbeifahren, wo Elvis »Hound Dog« aufnahm? Dann ist die ideale Tour für Sie die *Rock and Roll Bus Tour*. Durch die Busfensterscheibe können Sie einem ehemaligen Wohnsitz von Bob Dylan zuwinken. Zweieinhalb Stunden lang entführt der Rock-Insider Danny Fields in die rockige Welt. Daß der Treffpunkt für die Tour das Hard Rock Café ist, muß wohl nicht extra erwähnt werden.

Neben den *special interest*-Sightseeing-Touren gibt es

selbstverständlich auch die ganz gewöhnlichen Stadtbesichtigungsausflüge. Das hierbei wiederum Besondere ist, daß es kaum eine Straße in New York gibt, die nicht mit einer Gruppe und einem Führer zu besichtigen wäre.

Wenn Sie zu den New York-Besuchern gehören, die auch die finsteren Stadtteile in Augenschein nehmen möchten, es aber ob der allseitigen Warnungen nicht so recht wagen, allein loszuziehen, empfiehlt sich beispielsweise ein Ausflug mit *Harlem Spirituals.*

Sonntags und mittwochs stehen Touren in das sagenumwobene Stadtviertel auf dem Programm, das als Synonym für Armut, Verbrechen und Hoffnungslosigkeit gilt. Diese Seite Harlems wird sich Ihnen bei der Busrundfahrt nicht auftun. Vorgeführt wird die Schokoladenseite des Viertels: Straßenzüge mit frisch renovierten Häusern, Harlemer im Anzug auf dem Weg zum Gottesdienst, nur ab und an erzählt ein Haus mit zugenagelten Fenstern und Graffitischmuck die wahre Geschichte des Viertels. An Sonntagen wird das Harlemklischee mit dem Besuch eines Gottesdienstes in der New Mount Zion Baptist Church (134th St.) mit stimmungsvollem Gospelgesang abgerundet. Die Kirche ist nicht zu verfehlen, denn davor wartet ein ganzer Wagenpark Touristenbusse. Besichtigt wird zumindest von außen der berühmte Cotton Club, und dann geht's ab zum »Soulfood-Essen«. Die schmackhaften Spezialitäten kann man in Harlems Vorzeigerestaurant »Sylvia's« kosten. In allerbester Touristengesellschaft. Doch Sie können sicher sein, daß Sie diesen Harlem-Ausflug unbeschadet überstehen.

Dennoch Bedenken? Angst um Leib und Leben? Dann leihen Sie sich doch einen Cop. ›Rent-a-cop‹ – das ist mit Sicherheit die sicherste Methode, New York kennenzulernen. Für vier Stunden kann man sich einen original New Yorker Polizisten als Stadtführer mieten. Kostet um die dreißig Dollar und sollte zwei Wochen zuvor angemeldet werden (Tel. 2 12 / 3 73 05 02). Da läuft jeder Langfinger so schnell er kann.

Abenteuer Großstadtdschungel:
Zu Fuß, im Bus und im Untergrund

Die größte Aufgabe, die vor Ihnen liegt, ist die Bewältigung des New Yorker Transportsystems. Sie können wählen zwischen Subway, Bus, Taxi, Gipsy Cab und Schusters Rappen.

Zu Fuß kommen Sie in Manhattan, das in Nord-Süd-Avenues und Ost-West-Straßen aufgeteilt ist, am besten voran. Die Fifth Avenue teilt Ost und West. Die Formel zum Vorwärtskommen: eine Minute für den Straßenblock in Nord-Süd-Richtung zwischen Uptown und Downtown, fünf Minuten für den Crosstown-Block zwischen Ost und West.

Nicht ganz so einfach ist die Formel für das Überqueren der Straßen – trotz funktionierenden Ampelsystems. Denn erstaunlicherweise passieren gewöhnlich mehr Menschen und weniger Autos die Kreuzung bei »don't walk« als bei »walk«-

Falls es auch Sie – natürlich nur aus Versehen – bei einem »don't walk« auf die andere Straßenseite ziehen sollte, ist es – selbst in der Nähe eines Cops – völlig überflüssig, im Geldbeutel bereits das Bußgeld zusammenzukramen.

Sie haben die Straßenüberquerung lebend geschafft, diese Leistung verlangt eher eine Belohnung als eine Bestrafung.

Die schnellste Art der Fortbewegung ist die *subway*: laut, schmutzig, überfüllt, seit einigen Jahren aber besser und sicherer als ihr Ruf. Sie hat zwar ihren nächtlichen Schrecken behalten, doch es erwartet Sie keinesfalls der Abstieg zur Hölle. Im Schnitt werden täglich etwa dreißig Verbrechen in der Subway begangen, dies mag auf den ersten Blick Entsetzen hervorrufen. Bedenkt man jedoch, daß täglich rund um die Uhr fast vier Millionen Menschen befördert werden, lebt es sich unter den Straßen fast sicherer als in den Straßenschluchten New Yorks. Natürlich sollten Sie nicht gerade Ihr kostbares Familienerbstück bei dem Ausflug in die Subway tragen, die prall gefüllte Brieftasche außer Sichtweite halten und sich nicht alleine in einen leeren Wagen setzen. Damit erhöhen Sie Ihre Sicherheit um ein Vielfaches.

Im Land des *best of* wurden die Subway-Stationen vom New York City Transit Authority Advisory Council mit Noten versehen; beurteilt wurden Sauberkeit, Geruch, Service und Beschilderung. Die fünf *worst stations* sind danach Park Place, 110th St., DeKalb, 86th St. & B'way und Utica Ave. Gute Noten bekamen 23rd St. / 7th Ave., Woodhaven Blvd., 85th St. / Forest Pkwy., Wall St. und Grand Army Plaza. Man fand außerdem heraus, daß mehr als die Hälfte der Beschilderung in den Subway Stops die Fahrgäste in die falsche Richtung führt – halten Sie sich also besser an Ihre Karte.

Mit einem *token*, einer Metallmünze im Wert von zirka 1,50 Dollar, eröffnen Sie sich den Weg in den Untergrund, einen Wegweiser durch den Linienwirrwarr bekommen Sie an jedem Schalter kostenlos. Für Mehrfachsubwayfahrer empfiehlt sich die Metrocard, im

Land der unbegrenzten Kartenmöglichkeiten erstaunlicherweise erst 1994 eingeführt, die es im Wert von fünf bis 80 Dollar gibt. Die Züge fahren tagsüber im Zehnminutentakt, zwischen Mitternacht und fünf Uhr morgens alle zwanzig bis dreißig Minuten.

Seit Bürgermeister Giuliani die Regierung in New York übernommen hat, herrscht in der U-Bahn ein strengeres Regiment: Viele der über und über mit Graffiti verzierten Waggons wurden durch neue und modernere Wagen, gekühlt im Sommer, geheizt im Winter, ersetzt. Schlechte Zeiten sind für die Subway-Bettler angebrochen; keine Spende mehr für die Penner, die herzzerreißende Geschichten von Leid und Unglück erzählen, heißt die Giuliani-Devise. Seinen Rat in allen Ehren, empfiehlt es sich gleichwohl, stets einen kleinen Dollarschein in der Tasche zu haben – für den Fall, daß sich der harmlose Bettler in einen bewaffneten Draufgänger verwandeln sollte.

Auch die Subway-Musikanten müssen unter dem gnadenlosen Regime Giulianis leiden, seit kurzem trennt eine Jury die musikalische Spreu vom Weizen. Vorbei die Zeiten, als jedermann, fähig den Mund zu öffnen, auch ein Liedchen singen durfte. Die Möchtegern-Subway-Musikanten müssen sich vor ihrem unterirdischen Auftritt dem Urteil einer »Expertengruppe« unterziehen. Gefällt die Vorstellung, wird ein fester Standort zugeteilt und einer Karriere als Subway-Sänger steht nichts mehr im Wege.

Die Gleichberechtigung von Mann und Frau ist in der New Yorker Metro übrigens einen entscheidenden Schritt vorangekommen: Seit Sommer 1994 ist es auch den Damen erlaubt, oben ohne zu fahren.

Im Busverkehr ist ein genaues Studium der Verbindungslinien vor Antritt der Fahrt von großem Vorteil. Haben Sie dennoch völlig den Überblick verloren, scheuen Sie sich nicht, den Busfahrer zu fragen, der trotz des obligatorischen Hinweises, »Nicht mit dem Busfahrer sprechen«, in der Regel weiterhilft. Auskunft bekommen Sie, mit Wechselgeld sieht es da schon schlechter aus. Bewaffnen Sie sich vorsorglich mit genügend Kleingeld. Eingestiegen wird vorne, wenn Sie umsteigen möchten, bitten Sie den Fahrer um ein *transfer-ticket*, das Sie dem Fahrer des nächsten Busses aushändigen. Besonders zur Rush-hour wird es eng in den Bussen. Befinden Sie sich in der Mitte des Busses, eingepfercht in Menschenmassen, und nähert er sich Ihrer Aussteigehaltestelle, müssen Sie sich rechtzeitig den Weg zum Ausgang bahnen!

Eine etwas kostspieligere Art der Fortbewegung ist das Taxifahren. Außerhalb der Stoßzeiten ist es eine leichte Übung, ein Taxi zu bekommen, nur zu einer Gelegenheit werden Sie mit Sicherheit umsonst warten: bei strömendem Regen oder dichtem Schneetreiben. Sie stehen vor Macy's mit vollbepackten Einkaufstaschen, die sich durch die Feuchtigkeit auflösen, ein ähnliches Schicksal erleidet Ihre Frisur. Wetten, daß weit und breit kein *yellow cab* in Sicht ist?

Die über 12 000 lizensierten Taxis sind die Könige der Straßen. Anhalten können Sie ein Taxi überall – außer natürlich mitten in der Kreuzung. Das gelbe Licht auf dem Dach zeigt an, daß es frei ist. Dieses gelbe Licht nun ist in einen äußeren und einen inneren Teil unterteilt. Ist es nur halbwegs erleuchtet, bedeutet dies »out of service« und weitersuchen. Die Tarife stehen an der Seitentüre des Cab. Etwas komplizierter wird es, einen Taxifahrer zu erwischen, der Englisch spricht; weniger als zehn Prozent der Fahrer sind New Yorker.

Die wichtigste Eigenschaft, die ein Taxifahrer im Big Apple mitbringen muß, ist zweifelsohne ein gewisser Fatalismus, denn dieser Berufsstand lebt gefährlich. Nicht umsonst heißt ein gängiges Sprichwort der gelben Zunft: Erst der erste Überfall macht dich zum richtigen New Yorker Taxifahrer; denn Überfälle gehören zum Berufsrisiko. Voraussetzung für die Gültigkeit des Spruches ist selbstverständlich, daß man den ersten Überfall lebend übersteht! Eine Taxifahrt kann unterhaltsam, amüsant und erlebnisreich oder ärgerlich und frustrierend sein, je nach Verkehr und Fahrer. Um Taxifahrer in New York zu werden, reicht übrigens ein Vierzig-Stunden-Training; geben Sie dem Fahrer neben der Adresse also besser gleich die Cross-Street mit an und verfolgen Sie die Route auf einer Straßenkarte – so ersparen Sie sich und dem ahnungslosen Taxifahrer kostspielige Umwege!

Hätten Sie statt eines gewöhnlichen *yellow cabs* lieber ein Taxi aus Filmen wie »Breakfast at Tiffany's« oder »Taxi Driver«? Eines der sogenannten *yellow checker cabs* mit Beinfreiheit und bequemen Sitzen? Dann viel Glück bei der Suche, denn von diesen Prachtexemplaren sind in den Straßen von New York gerade noch zehn Stück übriggeblieben.

Neben diesen zehn Relikten aus vermeintlich guten alten Zeiten und den offiziellen Taxis gibt es noch die Cabs ohne Lizenz, die sogenannten *gipsy cabs*. Während die offiziellen Fahrer Reiseziele wie Harlem oder andere gefährliche Adressen lieber meiden, scheut das Gipsy Cab kaum eine Strecke. Wenn Sie also mit einem Gipsy Cab in die Bronx wollen, machen Sie den Fahrpreis vorher aus.

Mit und ohne Verhandlung ist es ein nicht ganz billiges, aber durchaus empfehlenswertes Vergnügen, in der Luxuslimousine (Marathon Lines, Carey Limousines) durch New York zu kurven. Ab zirka siebzig Dollar pro Stunde bringt Sie ein Chauffeur, wohin Sie wollen – mit allen Annehmlichkeiten des Luxuslimousinenlebens: Telefon, Bar und Videorekorder.

Leidenschaftliche Selbstfahrer, die keine andere als die automobile Fortbewegung akzeptieren, sollten sich auf die Fahrweise der Verkehrsteilnehmer und unverschämt hohe Parkhausgebühren einstellen. Die monatliche Miete für einen Platz im Parkhaus kostet die New Yorker und Sie 350 Dollar – dafür bekommt man in anderen Städten schon eine Zweizimmerwohnung mit Küche, Bad und WC. Sie wollen die Gebühren umgehen und parken einfach irgendwo? Keine gute Alternative: Die Polizei verteilt Strafzettel, *tickets*, in schwindelnden Höhen, und das Abschleppen scheint zu ihren Lieblingsbeschäftigungen zu gehören – nicht nur wenn Sie Ihr Auto unvorsichtigerweise vor einem Hydranten geparkt haben, eine Todsünde in der Liste des Falschparkens.

Eine besonders große Freude kann man den New Yorker Autofahrern mit dem Besuch des Präsidenten oder anderem hohen Besuch machen. Denn dies bedeutet *gridlock day*: gesperrte Straßen und verstopfte Umleitungen.

Für Menschen mit Sinn zu Höherem, empfiehlt sich eine *Helikopter Tour* (Liberty Helikopter, Island Helikopter Tours). Ich hoffe für Sie, daß es Ihnen nicht ergeht, wie einem Freund von mir. Dieser erkannte in seinem Helikopter-Piloten einen ehemaligen Army-Kollegen mit berühmt-berüchtigter Flugweise und überstand den Ausflug in den Himmel über New York mehr schlecht als recht.

Newsfieber und Fitneßwahn

*E*s war an einem schwülen Tag im Juli gegen sechs Uhr dreißig. Die lokalen Fernsehsender hatten ihren Aufmacher für diesen Morgen: eine Greenpeace-Truppe erkletterte das *Time-Life-Building* und protestierte mit Transparenten gegen die Verwendung von Chlor in den *Time*-Zeitungsprodukten.

Sie werden sich jetzt vielleicht erstaunt fragen, warum diese Aktion in aller Frühe gestartet wurde. Die Antwort ist New York-Medien-typisch: Greenpeace-Aktivisten sind nicht etwa ausgeprägte Morgenmenschen, sie hoffen lediglich auf eine TV-Live-Übertragung ihres Protestes. Und morgens zwischen sieben und neun Uhr stehen die Chancen einer Live-Übertragung am besten.

Wenn Sie also den dringlichen Wunsch verspüren, einmal *live* im amerikanischen Fernsehen zu erscheinen, planen Sie Ihre Aktion in aller Herrgottsfrühe. Aber da fehlt ja das Publikum, könnten Sie nun einwerfen. Spielt keine Rolle, denn außer den Fernsehteams wird sich ohnehin niemand für Sie interessieren. Sind sie nicht bei der Arbeit, hasten die New Yorker durch die Straßen und schenken höchstens noch ihren Muffins oder Hot Dogs Aufmerksamkeit.

Im Büro sind sie dann in ihrer eigenen, meist computerisierten Welt versunken. Briefe, Aktennotizen werden allesamt per Knopfdruck verschickt. Daher pflegt meine Freundin ihren Mann auch im Office anzurufen, wenn sich der Schnee in der Stadt mal wieder über zwei Meter aufgetürmt hat. Denn mit Sicherheit hat ihr Gatte noch nicht einen Blick aus dem Fenster geworfen und würde beim Verlassen des Büros erstaunt knietief im Schnee versinken.

Die Möglichkeit auch ohne spektakuläre Aktionen ins Fernsehen zu kommen, haben Sie jeden Morgen bei NBC.

Dort fährt der Sender sein Frühstücksprogramm live im gläsernen Studio. Die Adresse (49 Rockefeller Center, Ecke 64.) ist nicht zu verfehlen, schon von weitem sehen Sie die Menschenmassen sich am Bürgersteig drängen und die Cops, die versuchen, sie in Zaum zu halten. Über dem Studio laufen im Leuchtfarbband die aktuellen Schlagzeilen, für Statements vom Bürgersteig sind an drei Pfosten Übertragungskameras aufgebaut. Wer seinen Senf dazugeben möchte, kann seinen Überzeugungen freien Lauf lassen – oder zumindest per Pappschild die Großmutter in Connecticut grüßen.

Sie aber wollen mehr als schnelle Grüße und kurze Auftritte? Sie wollen Ihre eigene halbe Stunde im Fernsehen? Auch das ist möglich: Es gibt eine Reihe sogenannter *public access cable channels*. Man bezahlt eine bestimmte Summe und gestaltet sein eigenes Abendprogramm.

Fernsehkameras haben für die Amerikaner etwas Magisches. Das elektrische Auge übt auf sie in allen Lebenslagen einen unwiderstehlichen Reiz aus – ja nicht nur die Lebenslagen, selbst den Tod teilt man gerne mit der Öffentlichkeit. Grausames Beispiel: Ein Marine-Heimkehrer aus dem Golfkrieg hatte die Schlacht gegen Hussein unbeschadet überstanden, fiel aber in den Straßen von Brooklyn einem Verkehrsunfall zum Opfer. Als der *desert-storm*-Held einem Mann am Straßenrand helfen wollte, wurde er von einem Auto erfaßt und getötet.

Das tragische Ende des doppelten Helden war für die Medien in New York ein Stoff, aus dem man Sensationsstories strickt. Man machte sich auf zum Heim des Soldaten in New York – und wurde mit offenen Armen empfangen. Vater und Geschwister am Küchentisch, fertig zur Pressekonferenz, die Mutter beim Kaffeekochen für die Journalisten. Man erinnert vor einem Millionenpublikum an das Familienmitglied, man verbirgt nicht seine Verzweiflung, schämt sich nicht seiner Tränen, in Amerika trauert man öffentlich.

Nicht weniger bunt und abwechslungsreich präsentieren sich die Radiosender New Yorks, je nach Gusto hören Sie Jazz, Country, Techno, Beat, Hip-Hop oder Klassik rund um die Uhr. Oder aber Sie bleiben an einer *phone-in-show* hängen. Diskussionen um alltägliche und weniger alltägliche Probleme wie: »Mein Mann geht neuerdings ohne Frühstück aus dem Haus« oder »Mein Hund weigert sich trotz großer Kälte, sein gestricktes Wämschen zu tragen«.

An täglicher Zeitungslektüre können die New Yorker zwischen der liberalen *New York Times*, der eher konservativen *New York Post*, den Boulevard-Blättern *Daily News* und *New York Newsday* wählen. Einmal wöchentlich erscheint die *Village Voice*, eine alternative Zeitung, an deren Entstehung auch Schriftsteller Norman Mailer beteiligt war.

Was liest nun der New Yorker? Die ehrwürdige *New*

York Times zu lesen bleibt für den Durchschnitts-New Yorker eine echte Herausforderung. Lange Berichterstattung, nur von Werbepublikationen unterbrochen, ein Format, mit dem man beim Umblättern dem Nachbarn über den Teller fährt – und weit und breit kein Comicstrip. An der *New York Post* schreckt die Politik, also greift der *fast*-Leser zu *Daily News*. Sensationsjournalismus und dicke Headlines machen diese »Bild-Zeitung« New Yorks zum Auflagenrenner, dicht gefolgt von *New York Newsday*. Aktuelle Infos und Veranstaltungshinweise bringt *The New Yorker*, Typ Stadtzeitung mit gelegentlich ganz interessanten Reportagen.

Ein nicht ganz ungefährliches Leben führen die Reporter in New York. Deren Devise heißt nicht in erster Linie, woher bekomme ich eine heiße Story, sondern wie überlebe ich die heiße Story. Die Journalisten müssen neben einer Spürnase Gemeinschaftssinn mitbringen, denn in der Regel werden sie zu zweit auf Storysuche geschickt. Einer, mit Revolver ausgestattet und von kugelsicherer Weste geschützt, geht voran, der zweite folgt in seinem Schatten.

Das Ergebnis der schreibenden Abenteurer können Sie an jedem Zeitungskiosk erstehen oder aus den Verkaufskästen – gegen Bezahlung – holen. Öffnet sich die Zeitungsbox, ohne daß Sie zuvor Münzen eingeworfen haben, haben Sie entweder zu kräftig gezogen, oder es handelt sich um eine *free publication*. Diese Gratis-Zeitungen gibt es in der ganzen Stadt zu allen Themen. Vom einfachen Anzeigenblatt mit Automarkt über ein Spezialorgan für Tierpflege bis hin zum New-Age-Ratgeber.

Eine ganz eigene Beziehung haben die New Yorker nicht nur zu den Medien, sondern auch zum Sport. Die größte Einschränkung der sportlichen Betätigung ist geographischer Natur, mal eben auf den nächstgelegenen Trimmpfad oder körperliche Ertüchtigung bei einer kleinen Wanderung in den Bergen ist nicht drin. Das Joggen in den Straßen von New York dürfte mehr Schaden als Nutzen bringen – zumindest der Lunge –, und eine Lauftour im Central Park will gut geplant sein. Da der gemeine Jogger nicht über eine Traube Bodyguards verfügt – wie Madonna, die gerne durch den Park läuft –, sollte man sich im Park nicht zu menschenleeren Zeiten aufhalten. Aber wer legt sein Lauftraining schon gerne in die Mittagspause.

Bleiben also die Indoor-Sportmöglichkeiten, und es gibt so gut wie keine Sportart, die man in New York nicht in vier Wänden betreiben kann. Fitneßtraining, Bodybuilding, Aerobic, lauter alte Hüte: Daß der Bodybuilder, der etwas auf sich hält, seinen eigenen Trainer hat, hat sich mittlerweile herumgesprochen. Seit die Treppensteig-Hysterie um sich gegriffen hat, kommt es auch hier auf den richtigen Lehrer an. Sport ist Mord – oder zumindest fast für die Fans des Military-Drills. Der letzte Schrei: Trainer mit Trillerpfeife bringen ihre Schützlinge nach Vorbild der Militärausbildung in Top-Form – natürlich nur, wenn sie überleben.

Jede erdenkliche Sportart bieten riesige Sportcenter wie das Chelsea Piers, die Fitnessfabrik am Hudson River. (Pier 60, West 17th–23rd St.) Die Anlage für das neue Jahrtausend. Im Angebot: Boxen, Golfen von 52 beheizten Driving Ranges aus, Beach-Volley-Ball auf feinstem Karibiksand, Klettern, Segeln oder Rollerblades fahren. Wer es lieber gemütlich mag, kann aus dreißig verschiedenen Massageformen wählen, oder sich einfach auf den Liegeflächen auf dem Dach in der Sonne aalen.

Du bist nichts ohne den richtigen *teacher*. Oft haben die »Schüler« schon monatelang zu Hause geübt, bevor sie sich in einen Kurs wagen. Denn den Lehrern reißt schnell der Geduldsfaden, und sie haben eine ziemlich direkte Art, auf Fehler hinzuweisen. Wenn ein verächtliches Schnauben in die Richtung des Fehltreters geschickt wird und sich die Augen aller Mitturnenden auf den Störenfried richten, wird sich dieser wünschen, er hätte doch lieber am Golfkurs teilgenommen.

Golf, ein Sport, der in den USA nicht unter die Kategorie Luxussport fällt, ist eine der beliebtesten Freizeitbeschäftigungen, auch *indoors*, versteht sich. Man spielt – per Leinwand – auf den besten Golfcourses der Welt. Zur perfekten Illusion werden sogar die natürlichen Geräusche nachgeahmt. Stürzt der Ball ins imaginäre Wasser, hört sich das genau so an.

Einen Sturz sollte man beim *indoor climbing* besser vermeiden, obwohl das Felsenklettern in der Halle sicherlich mit weniger schweren Blessuren einhergeht als im wirklichen Leben. Sollten Sie im Voralpengebiet wohnen und einen New Yorker erwarten, besteht also nicht die zwingende Notwendigkeit, das Berggehen aus dem Ausflugsprogramm zu streichen. Der Besucher aus dem Big Apple könnte besser trainiert sein als Sie. Doch Sport heißt in New York immer noch in erster Linie Baseball und Football – und daran konnte auch die Fußball-WM 1994 nichts ändern. Fußball ist für die Amerikaner zu langsam, zu torlos, zuwenig *action*. Wozu begibt man sich überhaupt aufs Spielfeld, wenn man sich

null zu null anschließend wieder trennt. Einzig das Elf-
meterschießen, ja, damit könnten sich die Amerikaner
glatt anfreunden.

Football dagegen, das ist ein strategisches Spiel, das ist
wie das Planen einer Schlacht. (Kleiner Hinweis für den
Nichteingeweihten: Football ist das Spiel, in welchem
sich gutgepolsterte Jungs scheinbar wahllos aufeinander-
stürzen.) Um dieser Schlacht beizuwohnen, nehmen die
New Yorker allerhand in Kauf, zum Beispiel eine Warteliste von 15 Jahren. (Wie war das noch mit dem Trabbi in
der ehemaligen DDR...?) Wer an ein *season ticket* für die
New York Giants, das heimische Top-Football-Team,
kommen will, braucht einen langen Atem. Ist es dann
vollbracht, hat man auf den langerwarteten Platz zeit seines Lebens ein Anrecht. Problematisch wird es allerdings im Falle einer Ehescheidung: Wer bekommt die
season tickets?

Um in den Genuß eines einzelnen Spiels zu kommen,
muß man natürlich keine anderthalb Jahrzehnte warten,
doch einige Monate oder besser ein Jahr vorher sollten
Sie Ihre Karten schon vorbestellen. (Giants Stadium,
Meadowlands, New Yersey) Es ist beileibe nicht nur die
Bequemlichkeit, die die Amerikaner die *games* am liebsten von der heimischen Couch aus ansehen läßt. Nicht
ganz so heiß begehrt ist dagegen das zweite Football-
»Lokalteam«, die New York Jets. Ist die Football-Saison
beendet (August bis Dezember), ist das Spiel mit dem
langen Stock und dem kleinen Ball an der Reihe: Baseball. Die glorreichen New York Yankees spielen in ihrem Stadion mitten in der Bronx, die New York Mets
im Shea-Stadion in Queens. Diese sportlichen Lokaler-
eignisse werden wie ein Volksfest zelebriert.

Do as New Yorkers do. Kaufen Sie sich eine Handvoll Hot Dogs, eine Hot Pretzel, Soda und beobachten Sie nicht nur das Spielfeld, sondern vor allem die Zuschauer. Das Spiel selbst wird in Amerika nicht so bierernst genommen wie bei uns. Es dauert über drei Stunden, niemand hat es besonders eilig pünktlich zu kommen, und auch eine Niederlage wird nicht als nationale Katastrophe angesehen. Statt in Aggression entladen die Fans ihre Enttäuschung in witzigen und ironischen Kommentaren – *it's just entertainment.*

Statt im Stadion können Sie sich das Sportereignis auch in einer Bar ansehen. Auf gigantischen Fernsehschirmen wird übertragen, und die Zuschauer am Tresen sind mindestens so engagiert dabei wie die Zuschauer vor Ort.

Gleich neben Baseball und Football stehen Basketball und Hockey auf der Liste ganz oben. Die Sportler werden in Amerika gefeiert wie Helden, man gewährt ihnen nahezu Narrenfreiheit, und sollten sich doch einmal Schattenseiten eines Nationalhelden auftun, versinkt die gesamte Sportnation in tiefe Depression – siehe den Fall O. J. Simpson. Der Mordprozeß um den Ex-Football-Champ beherrschte monatelang die Schlagzeilen in den Medien.

Jedem Völkchen sein Parädchen

*E*ines schönen Morgens im März bummeln Sie über die Fifth Avenue und machen eine erstaunliche Entdeckung: Der Mittelstreifen auf der Straße, der gestern noch weiß leuchtete, strahlt Ihnen heute grün entgegen. Entweder haben Sie noch die Drinks der Happy Hour vom Vorabend in den Gliedern stecken, oder es ist der 17. März, der Tag des irischen Nationalheiligen, St. Patrick's Day.

Der grüne Mittelstreifen ist erst der Anfang, grün leuchtet an diesem besonderen Tag ganz New York. Jacken, Mäntel, Röcke, Schleifen – und sogar das Bier nimmt die irische Nationalfarbe an. Den Auftakt macht ein Umzug: Eine kunterbunte Parade bewegt sich die Fifth Avenue entlang, auf den Stufen der gotischen St. Patrick's Cathedral winkt der amtierende irische Kardinal. Anschließend wird gebechert, was das Zeug hält. Irische Volkstänze werden vorgeführt, Schottenröcke geschwungen, Volkslieder geschmettert.

Was den Iren St. Patrick, ist den Italienern San Gennaro. Zwischen Greenwich Village und Chinatown haben sich im vorigen Jahrhundert fast ausschließlich Italiener angesiedelt, Cappuccino-Bar und Ristorante säumen die Straßen, gesprochen wird gebrochen Englisch, Hauptverständigungsmittel ist die italienische Sprache.

In Little Italy mag den Besucher immer wieder ein Gedanke beschäftigen: Woher nahmen diese Menschen im vorigen Jahrhundert nur den Mut, sich in dieser fremden und feindseligen Stadt niederzulassen, zu heiraten und Kinder zu bekommen, ohne Wissen, ohne die Sprache zu sprechen, ja viele von ihnen gar ohne lesen und schreiben zu können – und vor allem, wie schafften sie es, das Ganze ohne Beruhigungstabletten und Psychiater durchzustehen?

Die Festa di San Gennaro haben die Süditaliener aus Neapel mitgebracht, am 19. September ist ihr großer Tag. Die folgenden zehn Tage wird in Little Italy gefeiert, getanzt und natürlich getrunken.

Die Deutschen in New York sind am dritten Sonntag im September die Hauptdarsteller. Mit der sogenannten Steubenparade wird auf der Fifth Avenue der preußische Hauptmann Friedrich Wilhelm von Steuben geehrt, der die amerikanische Armee mit gut preußischem Drill für den Kampf im Unabhängigkeitskrieg auf Zack gebracht hatte.

Mit dem ersten Vollmond nach dem 19. Januar kommt in Chinatown Bewegung in die Straßen. Trotz Schnee und Kälte wird das chinesische Neujahr mit einer farbenprächtigen Parade begrüßt. Die Festivitäten dauern volle zehn Tage. Ihre ganz persönliche Parade lassen sich auch die Puertoricaner nicht nehmen. Die Fifth Avenue ist am ersten Sonntag im Juni in ihrer Hand. Gefeiert wird die Puerto Rican Day Parade mit rotweißblauen Fahnen, würzigen Spezialitäten und heißen Live-Rhythmen. Im März paradieren die Greek-Americans zum Greek Independence Day in traditionellen Kostümen über die Luxusmeile.

Die Amerikaner sind last but not least am dritten Donnerstag im November an der Paradenreihe. Thanksgivingtime – das Erntedankfest, nach Weihnachten das größte und wichtigste amerikanische Familienfest, wird mit Pauken und Trompeten und der farbenprächtigsten und größten Parade in New York zelebriert. An der 77th Street startet das Spektakel, Endstation ist das Warenhaus Macy's, das die Thanksgiving-Parade größtenteils sponsert.

Den Labour Day begehen die New Yorker ebenfalls mit einer Parade. Theoretisch feiert man den Tag der Arbeit, praktisch will man am Ende des Sommers eigentlich nur eine weitere Parade genießen – um die paradelose Zeit bis zur Columbus Day Parade im Oktober nicht zu lange werden zu lassen.

New York ist eine tolerante Stadt, was sich schon am Veranstaltungskalender ablesen läßt: Selbst Minderheiten werden Parademöglichkeiten eingeräumt. Am letzten Sonntag im Juni steigt die Lesbian and Gay Pride Day Parade, Höhepunkt zwischen Washington Street und Christopher Street. Die Homosexuellen erinnern auf satirische Weise an den »Stonewall-Aufstand« von 1969. Damals wehrten sich zum ersten Mal junge Leute gegen die Polizeimacht. Auch der Bürgermeister gibt sich die Ehre, er marschiert an der Spitze des Zuges.

Und selbst den Tieren sei ihre eigene Parade gegönnt: die Parade of Circus Animals. Im März ziehen unter großem Hallo Zirkustiere von der Twelfth Avenue und 34th Street zum Madison Square Garden. Eine Parade, die nicht nur Parade- und Tierfans an die Straßenränder lockt, sondern auch Naturfreunde. Elefantendünger soll zu den besten Pflegemitteln für Pflanzen gehören – und wo sonst ist in einer Großstadt aus Stahl und Beton Mist zu bekommen?

Da das Paradieren eine der Lieblingsbeschäftigungen der New Yorker ist, gehen sie natürlich auch an Ostern auf die Straße. Während man sich hierzulande im feierlichen Gewande den Festtagsbraten schmecken läßt und sich anschließend zu zweit dem Osterspaziergang oder im Familienverband der Eiersuche widmet, lassen die New Yorker die Feiertage wesentlich schriller über die Bühne gehen. Sie bedecken ihr Haupt mit unförmigen, farbenfrohen Gebilden und mischen sich in die Parade.

An Weihnachten ist ganz New York eine einzige Parade: Mit geradezu kindlicher Begeisterung stürzen sich die New Yorker in die alljährliche Vorweihnachtszeit. Am Rockefeller Center wird ein überdimensionaler Weihnachtsbaum aufgestellt, auf der Eisfläche tummeln sich Schlittschuhläufer, die stimmungsvoll geschmückten Schaufenster der Kaufhäuser verführen zum Window-Shopping, Santa Claus wartet an jeder Ecke, und in der Radio City Music Hall wird eine höchst eigen interpretierte Weihnachts-Show aufgeführt.

Nicht weniger geräuschvoll und bunt geht es zu, wenn Feste gefeiert werden. Alle Festivitäten aufzuführen würde ein Buch füllen, hier müssen einige Höhepunkte genügen: An der Feierspitze steht natürlich der 4. Juli, der amerikanische Independence Day. Die amerikanische Flagge ist Hauptdarsteller. Stars und Stripes an Fahnenmasten, Häuserwänden, Fenstern, Gesichtshälften, wer was auf sich hält, hüllt sich in seinen Sternenbanner-Zweiteiler – und über dem East River wird ein spektakuläres Feuerwerk abgebrannt.

Der Gaumen steht im Mai im Mittelpunkt des Ninth

Avenue International Food Festivals: Zwei Tage lang schwelgen Schlemmer in *ethnic cuisine* vom Feinsten. Amerikanische Handwerkstradition wird zwei Tage im Juni im Lincoln Center beim American Crafts Festival gepflegt. Den höllisch heißen Sommer versüßen sich die New Yorker mit einer Reihe hochkarätiger kultureller Veranstaltungen, wie Shakespeare in the Park: Ab Mai finden im Delacorte Theater, einem Freilichttheater im Central Park, Shakespeare-Aufführungen statt. Der Eintritt ist frei, der Andrang ist groß, für gute Plätze müssen Sie früh aufstehen und sich anstellen. Oder Mostly Mozart: sechs Wochen klassische Konzerte zu passablen Preisen im Lincoln Center. Den New Yorker Philharmonikern scheint die Sommerhitze nichts auszumachen, die Musiker sind im August unterwegs und geben Open-Air-Konzerte in den Stadtparks.

Mit dem Filmfestival läßt sich New York Zeit bis September. Wenn die Festivals in Europa beendet sind, schlägt der Big Apple zu und holt sich die besten und erfolgreichsten Werke in das Lincoln Center.

Haben Sie sich beim Bummel durch die Stadt eine gute Kondition erworben? Dann könnten Sie sich zum Marathonlauf anmelden. Durchtrainierte Läufer und solche, die es zu sein meinen, treffen sich im November zum großen Lauf durch alle New Yorker Bezirke. Über 20000 Frauen und Männer stellen sich der sportlichen Herausforderung. Falls Sie zu den glücklichen Gewinnern zählen, lassen Sie es mich wissen.

Der New York-»Knigge«

Sie haben einen Freund in New York, der Ihnen sein Heim als Unterkunft und sich selbst als Fremdenführer anbietet? Sie Glückspilz! Legen Sie Wert darauf, daß diese Freundschaft auch nach Ihrem Besuch weiterbesteht? Dann gilt es eine eherne Regel zu beachten, um nicht freundschaftslos wieder nach Hause zurückzukehren. Mit listenlangen Besichtigungswünschen werden Sie bei Ihrem Freund auftauchen, mit engelsgleicher Geduld wird Ihr Freund Ihnen diese vermutlich auch erfüllen. Engagiert und voller Tatendrang wird er Sie in die Geheimnisse der Stadt einweihen wollen. Er wird Sie durch Kneipen und Restaurants schleifen, er wird sich mit Ihnen schon am Nachmittag zur Happy Hour Cocktails gönnen, er wird mit Ihnen nachts um eins ins Kino und nachts um zwei zum Einkaufen gehen.

Selbstlos wird er Ihnen zuliebe die Nacht zum Tag machen und erst im Morgengrauen ins Bett gehen. Er wird seine Kinder nur noch im Vorbeigehen sehen, gereizt und übernächtigt mit seiner Frau streiten. Danken Sie ihm seinen Einsatz am Ende dann bloß nicht mit folgendem Statement: »Es war ja ganz nett bei dir, ich verstehe bloß nicht, wie du ständig in solch einem Sündenbabel leben kannst.«

Das Risiko ist Ihnen zu groß, und Sie entschließen sich,

die Freundschaft höchstens einen Abend lang zu strapazieren. Was aber bringt man seinem New Yorker Gastgeber mit? Während man bei uns mit ungewöhnlichen Mitbringseln durchaus erfreut-überraschte Gesichter hervorrufen kann, wird es schwer sein, einem New Yorker etwas mitzubringen, das er noch nicht gesehen hat.

Gehören Sie zu den Vorausdenkern und haben bereits zu Hause an ein Geschenk gedacht, werden Sie die Freude auf Ihrer Seite haben. Denn Souvenirs wie die original bayerische Lederhose oder die Berliner Luft haben den Durchbruch in New York bisher nicht geschafft. Weniger ausgefallen, doch immer wieder willkommen ist Hochprozentiges. Eine gute Flasche Wein kommt stets an. Vorher sollten Sie sich allerdings versichern, daß an Ihrer feuchtfröhlichen Runde kein Ex- oder Antialkoholiker teilnimmt.

Erfolg verspricht auch ein süßes Gastgeschenk – wiederum unter der Vorausgabe, daß Sie in Ihren Gastgebern keine eingeschworenen Vollwertkostjünger oder Kalorien- und Cholesterinverächter vor sich haben. Eine in jeder Hinsicht geschmackvolle typische New Yorker Süßigkeit ist Babka – bevorzugt mit Schokolade –, ein höllisch süßes Dessert russischer Provenienz. Kündigen Sie ihren Dessertbeitrag aber vorher an, andernfalls läuft die Gastgeberin Gefahr, auf ihrem eigenen Nachtisch sitzenzubleiben.

Sie möchten Ihrem New Yorker Gastgeber partout ein Geschenk mitbringen, das er noch nicht hat. Sie könnten es mit einem heizbaren Handtuchhalter versuchen. Für Gesundheitsbewußte nützlich ist der *first at home cholesterol tester*, und ausprobieren können die

Gastgeber das Cholesterinmeßgerät gleich nach dem Genuß der Schokoladenbabka.

Sind Ihre Freunde tierlieb, wird der *sound-sending bird feeder*, ein Vogelhäuschen das mit bestimmten Tönen Singvögel anlockt, oder der *automated pet feeder*, der automatisch Hunde- und Katzenfutter verteilt, helle Begeisterung auslösen. Eine Miniwaage, mit der man per großen Zeh das Gewicht herausfinden kann, fällt ebenso wie taschenrechnergroße Kreuzworträtselcomputer unter die Rubrik treffsichere Geschenke.

Ihr Geschenk war Anlaß zur Freude. Sie haben festlich diniert und begleiten die Dame des Hauses in die Küche. Auf einmal entdecken Sie ein Haustier der besonderen Art. Es ist dunkel, es bewegt sich und es ist eine Kakerlake. In hysterische Kreischanfälle zu verfallen und kopflos die Wohnung zu verlassen, wäre überreagiert. Kakerlaken gehören selbst in der saubersten Hochhauswohnung zum Alltag. Die New Yorker Hausfrau hat für das große Krabbeln lediglich ein müdes Lächeln übrig und greift zur ›Borsäure‹-Packung, die es in jedem Haushaltswarenladen gibt. Und sind die Tierchen größer und verfügen über Nagezähne? So what! Wozu gibt's denn die gute alte Mäusefalle...

Erste Wahl für »American Dreamer«

You are fired – in diesen drei Worten stecken Wohl und Wehe der amerikanischen Wirtschaft. Mit genug Einsatz kann man in den USA rasch die Karriereleiter hinaufklettern, ebenso rasant und vor allem unverhofft kann jedoch der tiefe Sturz erfolgen. Geldverdienen ohne Netz und doppelten Boden! Kaum Kündigungsschutz, kein schriftlicher Arbeitsvertrag, mickrige vierzehn Tage Urlaub im Jahr, Gehaltskürzungen nach Belieben, ein halbes Jahr lang Arbeitslosenunterstüzung – so stellt sich die Arbeitssituation vieler amerikanischer Arbeiter und Angestellten dar. Arbeitsbedingungen, die dem deutschen Arbeitnehmer die Tränen in die Augen treiben und den Deutschen Gewerkschaftsbund an Generalstreik denken lassen. Doch diese dynamischen Grundvoraussetzungen bergen zugleich die Chance und die Erklärung des amerikanischen Traumes. Einsatz und Leistung werden doppelt und vor allem doppelt so schnell belohnt. Wer vor Ehrgeiz brennt, dem bieten sich unbegrenzte Karrieremöglichkeiten, und er hat die Qual der Wahl; immerhin haben über 3000 international tätige Firmen ihren Stammsitz in New York.

Ort und Art der Arbeit sind keine Grenze gesetzt, die Entscheidungen mit Auswirkungen auf die Weltwirtschaft und Millionen von Arbeitsplätzen werden in den

Hochhäusern von Manhattan gefällt. Allein 700 000 College-Absolventen aus ganz Amerika stürmen jährlich den Big Apple in der Hoffnung, sich vom amerikanischen Erfolgskuchen eine Scheibe abzuschneiden.

Den besten Einblick in die rasante Wirtschaftswelt bekommt der Besucher immer noch im New York Stock Exchange. War die Wall Street in den achtziger Jahren die Brutstätte von Yuppies und Millionären, folgte Ende des Jahrzehnts eine börsentechnische Ernüchterung: dramatische Kurseinbrüche, spektakuläre Crashs – und das jähe Ende hinter Gittern für manchen allzu dreisten Spekulanten. Damit normalisierte sich wieder der Jagdrhythmus nach dem Über-Nacht-Reichtum. Wenn auch das Wall Street-Orakel »Dow Jones« immer hektischere Reaktionen auslösen wird als andere Börsen.

Die arbeitende Bevölkerung New Yorks konnte erst kürzlich einen großen Sieg für sich erringen: den Dress-Down Friday.

Die Büroangestellten, die durch New York flitzen, sehen meist aus, als wären sie auf dem Weg zur Beerdigung eines reichen Onkels: Anzug, Kostüm, Krawatte. Bei den Damen ist Ihnen möglicherweise die seltsame Fußbekleidung aufgefallen, die den properen Gesamteindruck gehörig stört: weiße Socken, weiße Turnschuhe zum enganliegenden Zweiteiler. Diese mißglückte Zusammenstellung dient lediglich dem schnelleren Vorwärtskommen und ist nur vorübergehend; kaum im Office, werden die Turnschuhe gegen Pumps ausgewechselt.

Was eine Augenweide für die Chefs, ist vor allem im Sommer eine Qual für die Angestellten. Die mörderische Hitze kriecht die wollenen Anzugbeine hinauf, und hinterläßt eine schweißnasse Spur vom Hemd bis zur Krawatte.

Einmal in der Woche im Hochsommer kommt neuerdings der große Tag, der *casual day* oder *dress-down friday*, an dem die Angestellten in Alltagskleidern zur Arbeit gehen dürfen.

Erste positive Auswirkungen auf den Arbeitseinsatz wurden bereits festgestellt: Die legere Kleidung erhöht sowohl Arbeitsmoral als auch Produktivität.

Der durch diverse Studien untermauerte Grund: Die Angestellten haben einfach bessere Laune. Ob das Gute-Laune-Modell bald auch auf die gesamte Arbeitswoche ausgedehnt wird und die potentiellen Beerdigungsteilnehmer auf den New Yorker Straßen bald der Vergangenheit angehören, bleibt allerdings abzuwarten.

Und was tun die streßgeplagten New Yorker, um mit den hohen Anforderungen im unbarmherzigen Berufsleben Schritt halten zu können? Sie stärken sich mit der New York Formula. Sie haben die Wahl zwischen dem *super stress pac one* mit Vitamin A und E, dem *super energypac two* mit Ginseng und Knoblauchöl, dem *super antioxidant energypac three* mit Bienenpollen und Ginseng oder dem *men's pac four male potency* – für den Fall, daß es zwar im Beruf, aber dafür zu Hause nicht mehr so klappt. Zu Risiken und Nebenwirkungen brauchen Sie nicht den Verkäufer im Drugstore zu fragen, der kennt sich wahrscheinlich weniger damit aus als Sie.

Gute 1000 Kongresse finden pro Jahr in New York statt – das Jacob K. Javits Convention Center ist eines der größten in ganz Amerika – vier Millionen Kongreßteilnehmer dürfen sich über einen »Arbeitstrip« in den Big Apple freuen, mehr als 400 000 Menschen sind im

Kongreß- und Hotelsektor beschäftigt. Auch im Zeitalter der Telefonkonferenzen bleibt New York weiterhin die erste Adresse, um Geschäfte abzuschließen.

Nicht nur in der Finanz- und Wirstschaftswelt gilt New York als erste Wahl, auch auf Künstler, solche, die sich dafür halten und solche, die es werden möchten, übt der Big Apple eine unwiderstehliche Anziehungskraft aus. Schriftsteller und Autoren locken die größten Verlage und einige der renommiertesten Zeitungen Amerikas, Tänzer, Sänger und Schauspieler die hochgeschätzten Arbeitsplätze an Oper, Ballett, Orchester und Broadway. Und wenn es damit nicht klappen sollte, bleibt immer die Hoffnung auf einen Auftritt in einem *commercial*, einem Werbespot, oder einer *soap opera*.

New York bietet Chancen für alle ohne Vorurteile. Chinesen, Mexikaner, Afrikaner, Inder – und alle sind New Yorker. Die Toleranz der Menschen gegenüber Andersartigen, Andersfarbigen, Andersgläubigen, die sich aus dem bunten Völkergemisch entwickelt hat, ist ein Vorzug, der auch viele Lesben und Schwule nach New York zieht. In der Hudson-Metropole brauchen sie sich ihrer Leidenschaft nicht zu schämen, brauchen am Arbeitsplatz keine Diskriminierung zu fürchten. Zu Ehren eines schwulen Stadratsmitgliedes, das in Kalifornien ermordet wurde, richtete New York City sogar eine High-School für schwule und lesbische Kids ein.

Die wurmstichige Seite des Big Apple

Das Interesse der Industrie (nicht der Industriellen) an New York hielt sich seit jeher in Grenzen. Zum einen in natürlichen, denn die Insellage erleichterte nicht gerade die Zufahrt, zum anderen schützen die horrenden Grundstückspreise vor allzu großem industriellen Engagement: Es ist lohnender, ein Büro- oder Apartmenthaus zu bauen, als einen Industriebetrieb anzusiedeln. Somit blieb der Stadt übermäßiger, atemraubender Schornsteinqualm weitgehend erspart.

Weder Insellage noch Grundstückspreise schützen allerdings vor dem Müll des gemeinen Volkes. Gemessen an der Einwohnerzahl müßten sich übelriechende Müllberge auf den Straßen türmen – und so war es auch einmal. In den Anfangszeiten New Yorks warf jeder seinen Abfall grundsätzlich in den Rinnstein. Zwar hält die Sauberkeit der Straßen nicht einmal in unserer hochtechnisierten Zeit deutschen Vorstellungen im entferntesten stand, doch wenigstens ist die New Yorker Müllabfuhr heute straff organisiert und läßt sich diesen Service entsprechend bezahlen. So manches Mal sehen sich die Saubermänner allerdings vor einem recht kostspieligen Problem: Mindestens dreimal im Jahr geht der Müllabfuhr ein Transporter verloren. Der dreiste Diebstahl kostet die Stadt jedesmal über 10 000 Dollar.

Mit dem Abfall des Big Apple macht sich abgesehen von den Müllmännern die Mafia die Hände schmutzig: Die Müllabfuhr wird von der Mafia kontrolliert – womit auch die hohen Preise erklärt wären.

Weit weniger Interesse widmet man seitens der Mafia und seitens der Stadtverwaltung dem Zustand der Straßen – in manchen Vierteln weckt der mit den berüchtigten *potholes* durchsetzte Asphalt Assoziationen an Schweizer Käse. Vor ein paar Jahren machte man sich die Mühe, die Schlaglöcher zu zählen und kam auf die stattliche Zahl von 30000.

Auch die Instandhaltung der Brücken gehört nicht gerade zu den vordringlichsten Anliegen der Stadtväter – vielleicht aus freundlicher Rücksichtnahme gegenüber den ohnehin gestreßten Verkehrsteilnehmern.

Wie nah Erfolg und Scheitern beieinanderliegen, davon zeugen in New York die *homeless people*, Obdachlose, die im Müll nach Eßbarem wühlen, betteln und auf der Straße in Pappkartons übernachten. Als ihre Zahl auf über 100000 stieg, sah sich die Stadt gezwungen, Quartiere für die Obdachlosen einzurichten, die bei der Zielgruppe auf keine allzugroße Gegenliebe stießen. In der Obdachlosigkeit enden in der letzten Zeit zunehmend auch Aidskranke – denen die New Yorker übrigens nicht mit Abneigung und Ignoranz begegnen –, sie fallen durch die Maschen des unzureichenden amerikanischen Gesundheitssystems und landen auf der Straße.

Etwa 6000 Obdachlose haben die Flucht in den Untergrund angetreten und sich ihr Heim in den Tunneln der Subway eingerichtet. Ihren »Lebensunterhalt« finanzieren viele, wie Bill, mit dem Sammeln leerer Coca-Cola-Dosen; jede Dose bringt fünf Cents. Bill hatte in seinem früheren Leben einen guten Job als Angestellter und ein eigenes Häuschen. Die schwere Krankheit seiner Frau verschlang das Häuschen inklusive aller Ersparnisse, Bill griff zur Flasche, sein Boss zu den *famous last words*: »You are fired.« Das hieß für den 42jährigen *bye bye* heile Welt, *hello* U-Bahnschacht. Dort brutzelt er sich nun seine Hamburger und spielt Versteck mit den Subway-Patrouillen.

Doch zurück zum organisierten Verbrechen, das uns vom Müll auf den Straßen in eine nicht viel angenehmer riechende Umgebung bringt: zum Fulton Fish Market, einer traditionellen Mafiahochburg. Im Morgengrauen, ab 3.30 Uhr, wechseln am Southstreet Seaport über 90 Millionen Tonnen Calamari und Co. jährlich den Besitzer – unter den wachsamen Augen und offenen Händen der Mafia. Der Kommune wurde es irgendwann zu bunt, sie machte dem Treiben ein Ende und schloß vorübergehend den *fishmarket run by Mafia*. Sie warf den Fischchef raus und hoffte nach der Wiedereröffnung auf einen redlichen Handel mit Meeresgetier. Doch wie jeder Pate-erprobte Leser weiß, die Mafia wäre nicht die Mafia, könnte man sie auf diesem simplen Weg stoppen. Ein Gangster verläßt den Tatort, der nächste steht schon in den Startlöchern. Das bringt uns zu folgender Schlußfolgerung: Dieses glitschigen Gangstertummelplatzes wird New York wohl niemals Herr werden. Nebenbei bemerkt lohnt sich ein Besuch auf diesem malerischen Fischmarkt nicht nur für Mafiosi. Welch ein Schauspiel, wenn bei Sonnenaufgang im Schatten der Wolkenkratzer unter lautem Getöse um die Preise der Meerestiere gefeilscht wird! Fisch gegen *cash* im hochcomputerisierten Zeitalter. Mitbringen sollte man eine unempfindliche Nase, zu Hause lassen sollte man tunlichst den Geldbeutel, denn die Taschendiebe fühlen sich in dieser Umgebung in ihrem Element.

Die Kontrolle bestimmter Wirtschaftszweige durch die Mafia, Korruption und Bestechung, die bei uns verständnisloses Kopfschütteln hervorrufen, haben in New York eine lange Tradition.

Den organisierten Auftakt machte der sogenannte Tweed-Ring. William Tweed, ehemaliger Freier Feuerwehrler versprach – vor allem den neuankommenden Immigranten – den Leuten Arbeitsplätze für Wahlstimmen. So schaffte es der erste Boss New Yorks 1851 – im zarten Alter von 22 – zum Stadtrat, dann an die Spitze einer Partei, die sich »Tammany« nannte. Es dauerte nicht lange, und er hatte einen Tweed-Ring um die gesamte Stadtverwaltung gelegt. Von jedem Auftrag zweigte er einen satten Anteil für sich ab, die Polizei und andere Kontrahenten besänftigte er mit Bestechungsgeldern. Die Kritik in den Medien ließ ihn kalt – schließlich konnte der Großteil seiner Wähler gar nicht lesen.

Seinen größten Coup landete der Gangster 1863 mit dem Bau des New York Country Courthouse. Veranschlagt waren Kosten von 250 000 Dollar, am Ende hatte der Bau gute 13 Millionen verschlungen, wovon Tweed rund 11 Millionen in die eigene Tasche steckte. Ein unzureichend geschmierter Angestellter machte dann seinem Treiben ein Ende und sorgte mit belastenden Unterlagen dafür, daß Tweed ins Gefängnis kam. Ein Fluchtversuch mißlang. 1878 starb der Gangster hinter Gittern.

Und die Polizei sah diesem Treiben tatenlos zu? mag

man sich ein wenig erstaunt fragen, doch bei den Cops sah es nicht viel besser aus: Gegen Bezahlung drückten sie bei Verbrechen gerne mal ein Auge zu, und oft wurde überhaupt erst gegen Bares ermittelt.

Eine steile Karriere als Cop sicherte vor allem der Geldbeutel: Mit 12000 Dollar war der Aufstieg zum Captain so gut wie gesichert. Eine gute alte Tradition, an die im Laufe der Jahrzehnte immer wieder gerne angeknüpft wird. Dazu der Kommentar von Milton Mollen, dem Chef einer Anti-Korruptions-Überprüfungskommission: »Nichts, was ich über das New Yorker Police Department erfahre, könnte mich noch überraschen.« Denn auch die »Zuerwerbsmethoden« der Cops haben sich mit den Jahren weiterentwickelt.

Ließ man sich früher für Ermittlungsdienste bezahlen, greift mancher Freund und Helfer heute gelegentlich aktiv ins Geschehen ein: Die Mollen-Kommission deckte Überfälle auf Drogendealer (die Drogen wurden anschließend von den Cops weiterverkauft) und Begleitschutzdienste für Verbrecher auf. Gleichzeitig stellte die Kommission eine wachsende Abneigung der Leute vom N. Y. P. D. gegen risikoreiche Situationen fest: Tausende von jungen Leuten drängten 1991 zu einem College in Harlem, wo Rap-Künstler ein Wohltätigkeitskonzert gaben, neun Jugendliche wurden von den Massen erdrückt, die Polizei drückte sich. Lobend sei allerdings erwähnt, daß es für *police officers* neuerdings ein Spezialtrainig gibt. Die Cops werden mit sogenannten *streetwise maps* aufgerüstet und sind nach einem Lehrgang mit Blick auf die Karte in der Lage, dem hilfesuchenden Ortsunkundigen wertvolle Hinweise über Sightseeing-Attraktionen und Transportmittel zu geben – eine sicherlich auch mit vielen Risiken verbundene Aufgabe.

Mit seinen Bürgermeistern hatte New York ebenso wenig Glück. Der eine sicherte sich Wahlstimmen gegen Gefälligkeiten, die Glanzleistung des nächsten bestand in der Verdoppelung seines Gehaltes, ansonsten ward er mehr in Nachtklubs als am Schreibtisch gesehen. Und ein dritter mußte sich nach Mexiko absetzen, als seine krummen Geschäfte auf dem Bürgermeisterstuhl ans Licht der Öffentlichkeit kamen. Einzig Fiorello La Guardia bildete eine rühmliche Ausnahme im Bürgermeisterkorruptionsreigen – zum Dank wurde er der Namenspatron eines Flughafens.

Selbst in den achtziger Jahren stolperte ein Stadtoberhaupt noch über seine Habgier: Der Bürgermeister von Queens benutzte Parkautomaten als zusätzliche persönliche Einkommensquelle.

Das macht wohl auch die Skepsis vieler New Yorker gegenüber der Wahl Rudolph Giulianis zum Bürgermeister und die Vermutung, wo ein Italiener ist, ist die Mafia nicht weit, verständlich. Noch hat sich der *back to civility mayor* Giuliani nichts zuschulden kommen lassen: Er hat sich bisher eher mit hartem Durchgreifen als durch unerlaubtes Zugreifen einen Namen gemacht.

Kurse helfen jedem auf die Sprünge

*W*ie verfaßt man einen Bestseller und wie verkauft man das Werk dann in Hollywood? Ein Kurs mit Nancy Taylor Rosenberg soll diesen Traum Realität werden lassen. Ähnlich wie mit den Sightseeing-Tours verhält es sich mit den Kursen, die in New York angeboten werden. Hier kennt die Phantasie keine Grenzen.

Besonders beliebt und immer gut besucht sind die *How to become rich*-Lektionen in allen Spielarten. Eine Fernsehkarriere verspricht Kurs Nummer 552 *You can write the TV movie of the week* (wohlweislich wird verschwiegen, in welcher Woche der Film des Neu-Autors gesendet werden soll). Wer sich selbst für einen begnadeten Sänger hält, aber nie über das Foyer einer Plattengesellschaft hinausgekommen ist, kann *How to start your own record company* belegen. Für einen bescheideneren Anfang in der Geschäftswelt ist *How to open a coffee bar* gedacht. Und wenn der Dollar rollt, schützt der Kurs *How to have zero taxes deducted from your paycheck* vor dem gierigen Zugriff des Finanzamtes.

Wen die weltlichen Errungenschaften kalt lassen, den mag der Kurs »Enger Kontakt zu Engeln« reizen. Um mit den himmlischen Wesen in Konversation treten zu können, sollte er vorher zweckmäßigerweise den Kurs »Wie lerne ich mit jedem über alles zu sprechen« absolviert haben. Das Manna wird im *Beer Tasting Course* wohl nicht im Unterrichtsplan stehen, doch man eignet sich dort das segensreiche Wissen an, wie ein Dutzend Biersorten aus aller Welt auseinanderzuhalten sind. Willie Gluckstern lehrt Sie die Kunst des Weinprobierens – bei dem Nachnamen muß der Lehrer einfach gut sein.

Wenn Sie anschließend noch Schwarz und Weiß zu unterscheiden imstande sind, könnten Sie in sechs Stunden Klavier spielen lernen oder mit Hilfe von »Kitty Freud« das Verhalten Ihrer Katze verstehen. Nachhilfe in der Schnäppchenjagd verspricht der Kurs *Summer bargains* oder wie spare ich beim Einkaufen 50 Prozent. Selbst das Schreiben von Grußkarten will gelernt sein, für *Greeting Cards* sind zwei Unterrichtstage mit je zweieinhalb Stunden anberaumt.

Wer dann trotz Nancy Taylor Rosenberg und der *Two day Hollywood Film School* noch nicht den Sprung nach Hollywood geschafft hat, kann sich immer noch bei Kirk Douglas höchstpersönlich wertvolle Tips holen.

Ein handfestes Ergebnis, nämlich ein hübsches Täschchen, kann der Kursteilnehmer von seinem dreistündigen Nähcrash-Kurs bei ›Sew Fast Sue Easy‹ (147 West 57th St.) nach Hause mitnehmen. Und wem das alles zu trocken ist, der kann sich beim Bartender-Weekend anmelden. Die American Bartender's School bildet den Wissensdurstigen an einem Wochenende zum Barkeeper aus.

Hilfe in kommunikativen Krisen

Sie haben von Ihrem Hotelzimmer nur einige wenige Male den Lieben daheim versichert, daß Sie noch am Leben sind, und bekommen am Ende eine horrende Telefonrechnung präsentiert? Gespräche vom Hotel aus sind in der Regel um ein Vielfaches teurer als die vom öffentlichen Fernsprecher. Ja oftmals werden Ihnen sogar Gespräche mit *toll-free* (gebührenfreien)-Nummern in Rechnung gestellt.

Public telefones sind in der Hand privater Unternehmen und darum billiger und kundenfreundlicher, Ortsgespräche kosten 25 Cents. Zu finden sind sie an den Straßen, in den Bars, Restaurants, Busstationen und in den Zügen. Für ein Telefongespräch müssen Sie sich mit genügend Kleingeld bewaffnen. Und wenn Sie in eine kommunikative Krise geraten und nicht mehr weiter wissen, wählen Sie eine Null, und es meldet sich der Operator. Das freundliche Fräulein vom Amt sagt Ihnen auch, wieviel Münzen Sie einwerfen müssen.

New York hat zwei Vorwahlnummern: 212 für Manhattan und 718 für Brooklyn, Bronx, Queens und Staten Island. Ruft man einen anderen Telefonbereich an, muß man eine 1 vorwählen. Viele Teilnehmer, vor allem Firmen, erreicht man gebührenfrei mit einer 800er Nummer. Des weiteren haben Sie die Wahl zwischen einem *person to person*-Gespräch, das Sie nur dann bezahlen, wenn sich die gewünschte Person meldet, und einem *collect-call*, das der Gesprächsteilnehmer am anderen Ende bezahlt – natürlich mit dessen Einverständnis.

Das Telefonieren auf den Straßen von New York ist nicht nur billiger, sondern auch spannender, als vom Hotelzimmer aus. Die Chancen stehen gut, daß man in der Nebenkabine einen interessanten Anruf mithören kann: Schauspieler, der mit seinem Manager verhandelt, Schriftsteller, der mit seinem Verlag um die Prozente feilscht...

Mit einem Deposit von 1000 Dollar und einer Adresse wird Ihnen innerhalb von einem halben Tag Ihr eigenes Telefon installiert – durchaus eine Alternative für Vieltelefonierer.

»Öffentliches Telefon, Hoteltelefon – ich nehme mein eigenes mit«, mag so mancher passionierter Handy-Telefonfreak planen. Zu früh gefreut, Handy und Co. können Sie bei Ihrem Amerikatrip getrost zu Hause lassen – wenn auch der Abschied für den echten Handy-man sicher schmerzlich wird. Doch im Land der unbegrenzten Möglichkeiten hilft kein D 1- und auch kein D 2-Netz. Das beliebteste Spielzeug, seit es die drahtlose Verbindung gibt, funktioniert nur europaweit. Normale deutsche Handys versagen. Der Weltstandard GSM 900 unterscheidet sich vom US-Mobilfunkstandard. Sie können weder anrufen noch angerufen werden. Sie können lediglich neidvoll auf die amerikanischen Kollegen schielen, bei denen ein Handy in der Hosen- und ein LapTop in der Aktentasche bereits zur Grundausstattung gehört. Wer im Besitz eines globalen Handys ist, kann sich freuen, sein Telefon funktioniert auch overseas. Für ein längeres Gespräch könnte es den Besitzer allerdings fast weniger kosten, schnell über den großen Teich zu jetten und die Besprechung vor Ort fortzusetzen.

Sie sparen sich das Telefonat und schreiben lieber einen Brief nach Hause? Damit der Postgruß vor Ihrer Rückkehr ankommt, sollten Sie ihn gleich nach der Ankunft auf dem Flughafen einwerfen, denn die Brief- und Paketpost ist extrem langsam; Briefe nach Europa dauern acht bis 14 Tage! Eilige Post vertrauen die New Yorker deshalb lieber privaten Kurieren an. Briefmarken gibt es in den Postämtern ohne Aufschlag, aus Automaten sind sie teurer. Das Hauptpostamt in der Eigth Avenue / 34 Street ist täglich 24 Stunden geöffnet.

Die Abfertigung in den Postämtern erfolgt ähnlich rasant wie der Briefverkehr, daher empfiehlt es sich, auf der Suche nach einer Briefmarke früh aufzustehen oder gegen Abend einen Versuch zu machen. (Zur Ehrenrettung der U. S. Mail sei hinzugefügt, daß allein in Manhattan täglich mehr als 20 Millionen Sendungen bearbeitet werden müssen.) Für all diese Mühen entschädigen jedoch die Briefmarken. Mein Favorit ist die Elvis-Marke; einen ganzen Sommer durften die Amerikaner darüber grübeln, ob der alte oder der junge Elvis in alle Welt verschickt werden sollte. Das Rennen machte übrigens Elvis in seiner jugendlichen Pracht.

Sollte Sie unterwegs ein dringendes Bedürfnis überkommen, versuchen Sie trotz aller Dringlichkeit, öffentliche Toiletten zu meiden. Die mit *bathroom, restroom* oder *powderroom* blumig umschriebenen Toiletten im Grand Central, in den Bus- oder Metrostationen sind schmutzig, unappetitlich und nicht ungefährlich: Sie sind ein bevorzugter Aufenthaltsort von Drogenabhängigen und Obdachlosen.

Die besten Adressen für saubere Toiletten sind die großen Kaufhäuser wie Macy's oder Bloomingdale's, Museen oder die Lobbies der großen Hotels. Auch in Restaurants können Sie einen Versuch machen. Mit der richtigen Kleidung und einem selbstverständlichen Gesichtsausdruck wird man Ihnen den Weg nicht verwehren.

Wenn Sie auf Nummer Sicher gehen und für jede Unternehmung einen ausgewiesenen Toilettentip möchten, besorgen Sie sich am besten den Restroom-Führer *the best of* New Yorker Toiletten.

Die Gefährlichkeit des Toilettengangs bringt uns sogleich zur Frage der persönlichen Sicherheit in New York. Wenn selbst das stille Örtchen zum Ort des Schreckens werden kann, wie soll der Fremde dann auf belebteren Plätzen unversehrt überleben?

Mit Hilfe von New Yorks *finest*, der Polizei. Die Straßen von San Francisco sind ein Kuraufenthalt gegen die von New York, das Polizistendasein im Big Apple ist ein Fulltimejob. Aufgrund der wachsenden Drogenabhängigkeit ist die Diebstahls-, Einbruchs-, Raub- und Mordrate sehr hoch, täglich werden rund 2000 Verbrechen begangen, über Beschäftigungsmangel können die Cops nicht gerade klagen.

Drogen sind in New York ein weitverbreitetes Übel. Für die High Society bedeuten sie einen zusätzlichen Kick im Gesellschaftsleben, während ihr Genuß und Verkauf den Bewohnern der Slums ein Entkommen aus ihrem trostlosen Leben verheißen. 1985 verschlimmerte Crack die Drogensituation. Billiger und leichter herzustellen als Kokain, brachte Crack den Dealern schnelle Dollar, den Konsumenten schnelle Abhängigkeit.

An Drogen zu kommen gehört hier zu den leichtesten Übungen: Die Probe aufs Exempel machte 1986 Senator D'Amato. Begleitet von einem Fernsehteam, kaufte er problemlos eine ganze Tüte Crack in Washington Heights. Falls man Ihnen Drogen zum Kauf anbieten sollte, lassen Sie sich nicht auf längere Gespräche ein, ein kurzes *I'm not interested* genügt in den meisten Fällen.

In den letzten Jahren hat New York gewaltige Summen in die öffentliche Sicherheit investiert, und die Anstrengung zeigte auch schon Wirkung. Einer Statistik des FBI zufolge ist der Big Apple inzwischen auf Platz 17 in den Top Twenty der unsichersten Großstädte Amerikas gesunken. Polizei und private Sicherheitsdienste gehen auf den Straßen und in den Subways regelmäßig Patrouille.

Sollten Sie trotz aller Anstrengungen und Einhaltung der gängigen Vorsichtsmaßnahmen dennoch Opfer eines Langfingers werden, wenden Sie sich an die nächstgelegene Polizeistation, die Sie unter der Nummer 374-5000 erreichen, die Notrufnummer lautet 911.

Die New Yorker Polizisten sind übrigens trotz ihres harten Cop-Images freundliche und hilfsbereite Zeitgenossen, die Ihnen im Falle eines Unfalles Unterstützung vom Kaffee im Pappbecher bis zum Übersetzer zukommen lassen.

Wie für so vieles in New York gibt es auch bei einem Verbrechen eine *toll-free*-Hotline-Nummer, also eine 505-Nummer, die schnell Hilfe bringt. Zu unterscheiden wäre zwischen dem Opfer eines gewöhnlichen Verbrechens, Crime Victim's Hotline, und dem Opfer eines Sexualverbrechens, Rape Hotline.

Der Vollständigkeit halber: Es gibt einige Viertel, in die sich selbst die Polizei nur in Mannschaftsstärke wagt – einen Ausflug in Stadtteile wie Südbronx oder Harlem sollten Sie nicht in Ihr Programm aufnehmen!

Öfter als in anderen Großstädten können Sie jedoch Zeuge krimineller Machenschaften werden, wenn mitten in der Nacht, außerhalb der Geschäftszeiten, reges Treiben durch die Schaufenster einer Boutique zu beobachten ist, könnte es sich um einen Einbruch handeln. Überqueren dann schwerbepackte Jungs mit einem Affenzahn die Straße, steuern sie höchstwahrscheinlich auf ihren Fluchtwagen zu. Aus derartigen Aktivitäten sollten Sie sich besser heraushalten und nicht »Einsatz in Manhattan« spielen wollen. Zuschauen ist erlaubt, einmischen wird gefährlich.

Wo immer aber die Polizei schneller war als die schweren Jungs – was leider nicht allzuoft der Fall ist –, folgt die Fortsetzung der Gangsterstory: Reality-TV ohne TV im Gerichtssaal. Jeden Abend kann, wer will, aus sicherer Entfernung einer Sitzung der New Yorker Strafkammer à la LA Law live beiwohnen (Criminal Court, 100 Center / Street, Saal 129). Drogenkuriere, Straßenräuber, Nutten werden per Fließbandjustiz abgeurteilt.

Pro Fall werden gute zehn Minuten Anhörung angesetzt, pro Nacht lassen sich so zwischen 50 und 100 Fälle abhandeln. Und nicht nur dem Gerichtspersonal wird im Dunkel der Nacht deutlich, wie absurd menschliche

Dramen manchmal sein können. Die Gerichtsverhand-
lungen mit den zwielichtigen Gestalten beginnen um
18 Uhr und enden um eins. Am Samstag werden Über-
stunden gemacht, die Verhandlungen dauern bis zum
nächsten Morgen.

Schweißgebadet oder steifgefroren –
Wie man Klimaschwankungen vermeidet

Die besten Zeiten für den Aufenthalt im Big Apple sind Frühjahr und Herbst. Im Sommer kann Ihnen blühen, daß die tropisch-schwüle Hitze die Stadt gnadenlos im Würgegriff gefangenhält und diese nach kurzem Aufbegehren in Regungslosigkeit versinkt; das Backofenklima nimmt einem den Atem, und selbst die Nächte liefern einen Vorgeschmack auf das Fegefeuer.

Dann beseelt die schweißgebadeten New Yorker ein Gedanke: Möge meine Klimaanlage bloß nicht ihren Geist aufgeben – während dieser Sommerwochen einen Termin bei einem Reparaturdienst zu bekommen, gleicht einem Glücksspiel. Die Wiesen im Central Park ähneln Schlachtfeldern. Wie Gefallene lassen sich die Menschen verzweifelt auf die wenigen Schattenplätze sinken und suchen Erholung vor der sengenden Hitze.

Wenn Sie kein erfrischendes Plätzchen mehr ergattern konnten, empfiehlt sich ein Einkaufsbummel – die Geschäfte mit Air-conditioning sind wahre Kälteoasen –, oder ein Trip mit der Metro. Sie ist neuerdings ebenfalls mit Frischluft versorgt. Eine kurze kühle Brise beschert auch ein Aufenthalt über einem zugigen U-Bahn-Schacht, wobei es allerdings auf den Rock zu achten gilt. Es sei denn, Sie möchten es Marilyn Monroe im »Verflixten siebten Jahr« nachmachen. Den Rock der Hollywood-Diva lüftete übrigens der Schacht an der Kreuzung 52nd Street und Lexington Avenue. Zur Entschädigung für die mörderische Witterung gibt es in den feuchtheißen Monaten jede Menge Open-Air-Festivals und kulturelle Veranstaltungen.

In den meist harten Wintern herrschen eisige Temperaturen – und das, obwohl New York auf dem gleichen Breitengrad liegt wie Neapel. Einzig der Wind sorgt für Bewegung, wenn er die steifgefrorenen Papierfetzen aufwirbelt, Langlaufski als Fortbewegungsmittel sind Trumpf. Und wieder ist man in den Kaufhäusern am besten aufgehoben, wenn diese ihre Heizung auf Hochtouren laufen lassen.

New York dampft. Egal zu welcher Jahreszeit steigen Rauchschwaden aus den Gullis an jeder Straßenecke. Ein Umstand, den die New Yorker zu erklären wissen: »Unter der Stadt brodelt die Hölle.«

Von den Tiefen in höhere Sphären: Ganz besonders verführerisch ist der Big Apple an Weihnachten, zur *holiday season*, wie Christmas offiziell mit Rücksicht auf Andersgläubige heißt. Der Himmel leuchtet orange, vor dem Rockefeller Center steht ein sieben Stockwerke hoher Weihnachtsbaum, Santa Claus schwärmt in Mannschaftsstärke aus. Mit kindlicher Freude stürzen sich die New Yorker auf Christmas, dekorieren überschwenglich und verteilen Lichter und Glitzerkram an allen passenden und unpassenden Stellen.

Auftakt – Hoffentlich ohne Streichwurst und Migräne

Sie haben den Einwanderungsbehörden glaubhaft versichern können, daß Sie weder Ihre Lieblingsstreichwurst noch die Topfgeranien vom Schlafzimmerfenster im Gepäck haben – das Einführen von Lebensmitteln und Pflanzen ist strengstens untersagt –, haben die mitunter ausgedehnte Wartezeit vor der Paßkontrolle ohne Wut- oder Migräneanfall überstanden, und sind an Ihrem Reiseziel angekommen.

Sie haben Ihre Armbanduhr sechs Stunden zurückgestellt, stehen erwartungsvoll auf dem John F. Kennedy-Flughafen und fragen sich, wie Sie am besten in die Stadt kommen. Diese Frage wird man Ihnen am Ground Transportation Desk beantworten. Dort bekommen Sie Auskunft über Abfahrtszeiten und Fahrpreise der Shuttle-Busse, über den Carey Airport Express Bus Service und die Gray Line Air Shuttle-Minibusse.

Natürlich können Sie auch mit dem Taxi in die Stadt fahren. Steigen Sie aber nur in ein gelbes *licensed cab*, das in einer klar gekennzeichneten Taxi-Reihe wartet. Vorsicht ist geboten, wenn Sie ein freundlicher Herr allzu forsch in die Richtung seines Taxis drängt, denn dabei handelt es sich möglicherweise um ein nicht lizensiertes Verkehrsmittel, das weder angemeldet noch versichert ist, sich seinen Service aber um so teurer bezahlen läßt.

Eine Taxifahrt ins Zentrum ist ein kostspieliger Urlaubsauftakt. Sie müssen zirka 40 bis 50 Dollar dafür rechnen – je nachdem, ob Sie das Glück hatten, gerade zur Rush-hour zu landen. Bei mehreren Personen dagegen lohnt sich die Fahrt. Sind Sie ohne Anhang unterwegs, könnten Sie sich das Auto auch mit anderen Fahrgästen teilen, Taxisharing gehört in New York zur gängigen Transportpraxis. Die Straßen- und Brückenmaut wird auf den Fahrpreis aufgeschlagen. Es hat sich übrigens zu einem beliebten Gesellschaftsspiel entwickelt, die Mautgebühren für das nachfolgende Fahrzeug mitzubezahlen. Unter dem alten Pfadfindermotto »jeden Tag eine gute Tat«, verschönern so viele New Yorker ihre Bilanz der Nächstenliebe – achten Sie also besser darauf, daß Ihrem Taxifahrer Ambitionen dieser Art fremd sind.

Diese Gebühren sparen Sie sich, wenn Sie per Helikopter-Service ins Zentrum fliegen. In rund zehn Minuten werden Sie auf dem Luftweg zum Heliport in die 30th Street gebracht.

Seit kurzem ist auf den Straßen zu den Flughäfen immer öfter hektisches Treiben zu beobachten: eifrige Putzkolonnen auf Abfalljagd. Das deutet nicht unbedingt auf ein plötzlich angestiegenes Umweltbewußtsein der New Yorker hin, sondern ist Teil des Programmes *Adopt A Highway*.

Das Adoptionsprogramm für Schnellstraßen wurde 1994 von der New Yorker Chamber of Commerce und der New York City Partnership in Zusammenarbeit mit dem New York City Department of Transportation entwickelt: Eine beliebige Privatfirma kann sich eines Highway-Abschnittes annehmen, ihn von Graffiti und Unrat freihalten und bekommt dafür Werbung und PR

gratis: den von ihr bravourös gesäuberten Straßenab-
schnitt darf sie dann mit ihrem Firmenlogo – wie und wo
bleibt ihrer publikumswirksamen Kreativität überlassen
– wieder verschandeln.

Ein unbestrittener Vorteil der Aktion ist die einfache
Erfolgskontrolle: Ohne Meinungsforschungsinstitut
und Statistik läßt sich die Entwicklung des Adoptions-
programmes am Zustand der Straßen ablesen. Sind
mehr Putzkolonnen unterwegs, als Müll auf den Straßen
liegt, hat Adopt-A-Highway eingeschlagen.

Sie sind – womit auch immer – in Ihrem Hotel angekommen, gerade dabei, die Koffer auszupacken und
plötzlich, völlig ohne Vorwarnung, überwältigt er Sie,
der Jetlag. Zeitunterschied und Klimawechsel machen
sich bemerkbar und fordern ihr Recht. Auch wenn Sie
das Bett noch so verführerisch anlacht, sollten Sie der
Versuchung auf ein Nickerchen widerstehen. Versuchen Sie vielmehr, sich dem New Yorker Zeitrhythmus
anzupassen. Andernfalls laufen Sie Gefahr, während Ihres gesamten Aufenthalts um fünf Uhr morgens putz-
munter aufzustehen und um sechs Uhr abends erschöpft
ins Bett zu fallen. Ein optimaler Zeitplan für einen Urlaub auf dem Lande, doch nicht unbedingt für eine Stadt
wie New York.

Da wir uns bereits im körperlichen Bereich befinden,
erlauben Sie mir an dieser Stelle eine intime Frage: Haben Sie eine Auslandskrankenversicherung abgeschlos-
sen? Nein – Und wie ist es um Ihren Gesundheitszustand
bestellt? Könnte nicht besser sein? Glück gehabt, denn
ein Krankheitsanfall in den USA kann teuer werden.
Nicht die kleinste Behandlung ist umsonst. Gefahren
lauern schon bei der medizinischen Grundversorgung.

Bei dem diensthabenden Personal handelt es sich in den allerwenigsten Fällen um Universitätsabsolventen, außerdem pflegt es zwischen einem sturzbetrunkenen Obdachlosen und einem kranken Touristen keinen großen Unterschied zu machen.

Begibt man sich in einen *emergency room*, muß man sich auf stundenlange Wartezeiten einstellen. Kommt der behandelnde Arzt zu keiner Diagnose, überweist er Sie weiter an einen Spezialisten. Bezahlen müssen Sie den erfolglosen Arzt trotzdem. Beim Spezialisten heißt es wieder warten und wieder zahlen.

Der Spezialist schließlich kann Ihre Krankheit behandeln, stellt Ihnen ein Rezept (*prescription*) aus und schickt Sie in die Apotheke (*pharmacy*). Dort bekommen Sie die exakt verschriebene Menge an Medizin, nicht eine Tablette mehr. Pech für Sie, wenn sich die Krankheit nicht an die Vorschriften hält, für jede weitere Pille müssen Sie wieder den mühsamen Arztbesuch auf sich nehmen.

Wenn selbst der Arzt nicht mehr helfen kann und Ihnen einen Krankenhausaufenthalt in Aussicht stellt, heißt es, rette sich wer kann. Es sei denn, Sie gehören zu den Glücklichen, die sich eine Behandlung in einer Privatklinik leisten können. Während sich's in den Luxuskliniken gut aushalten, ja sogar ganz gut Urlaub machen ließe, gleicht es einem russischen Roulettespiel, in den öffentlichen Krankenhäusern einem Gott in Weiß über den OP-Tisch zu laufen.

Rund um die Uhr zu Ihren Diensten

Über 100 000 Hotelzimmer warten im Big Apple auf müde Gäste, Touristen, Geschäftsleute, Durchreisende und Dauerwohner, was die Wahl der Unterkunft nicht gerade erleichtert. Die nächtliche Endstation muß nicht unbedingt Luxusklasse mit Wasserfall und Tropenpflanzen (Grand Hyatt) sein, die Präsidentensuite im Waldorf Astoria für 3000 Dollar pro Nacht sollte man sich nur zu besonderen Gelegenheiten gönnen, doch das Zimmer darf auch nicht zu billig sein. Denn unter 60 Dollar pro Doppelzimmer gibt es Kakerlaken und Küchengerüche inklusive.

Ab 60 Dollar bis 80 Dollar bekommen Sie ein Dach über dem Kopf und eine Liegestatt zum Ausstrecken, ein Badezimmer am Ende des Korridors – recht viel mehr nicht.

Zwischen 80 und 150 Dollar wird es bereits komfortabel: Zimmer mit Bad, Telefon und Fernseher. Je mehr Kanäle der Fernseher bietet, desto teurer das Zimmer. In der Preislage 150 bis 200 Dollar können Sie bereits die gesamte TV-Palette empfangen, das Zimmer ist gemütlich eingerichtet, und vielerorts erwartet Sie die Tageszeitung vor der Zimmertüre.

Von 200 Dollar an aufwärts beginnt das angenehme Hotelleben: Riesenbett, luxuriös ausgestattetes Badezimmer, oft mit Jacuzzi (Massagedüsen) oder anderen Wasserspielen, Fernseher mit Videorekorder, Minibar, Schokoladenstück auf dem Kopfkissen.

Bei der Zimmerreservierung wird ein *deposit*, eine Art Vorschußzahlung erbeten, die man im eigenen Interesse hinterlegen sollte. Sonst kann es passieren, daß man in der Hochsaison gegen Abend im Hotel ankommt, sich auf eine geruhsame Nacht im reservierten Zimmer freut, aber wegen versäumten Deposits das vorbestellte Bett von einem anderen Gast belegt vorfindet.

Immer größerer Beliebtheit erfreut sich die *bed and breakfast*-Variante. Davon gibt es zwei Spielarten in New York: Die *hosted* Version, will heißen, man teilt sich mit einem New Yorker dessen Apartment, bekommt von ihm *bagel* (s. S. 98) und Kaffee zum Frühstück und Information über die Stadt mit auf den Weg. Eine Bleibe dieser Art kann einen guten Einblick in das tägliche New Yorker Leben vermitteln, kann aber auch zum Alptraum werden, wenn man sich mit seinem Gastgeber nicht versteht.

Einem solchen Fall beugt die *unhosted* B & B-Spielart vor: Sie werden in dem Apartment eines New Yorkers untergebracht, der gerade auf Reisen ist – mit dessen Einverständnis, versteht sich. Sie laufen also nicht Gefahr, vom Eigentümer bei seiner überraschenden Rückkehr als Einbrecher verdächtigt zu werden. Die Preise liegen zwischen 60 und 150 Dollar, je nach Umgebung und Apartment.

Schön eingerichtete Apartment-Suiten mit Farb-TV, Marmorbädern, Zugang zum Fitneßraum – und das Ganze spottbillig, das sind die Off SoHo Suites (11 Rivington St.) Der einzige Haken: Die Apartments haben nicht gerade Park Avenue-Lage, sind also nichts für furchtsame Naturen.

Das Gegenstück bilden die Seaport Suites (129 Front St.), großräumige Apartments mit komplett eingerichteter Küche, Wohnzimmer und auf Wunsch sogar mit Konferenzraum, keine zwei Minuten von der Wall Street entfernt. Ein Umstand, der sich allerdings deutlich im Preis niederschlägt.

Eine günstige Alternative für einen New York-Aufenthalt, insbesondere – aber nicht nur – für junge Leute, ist das YMCA (Young Men's Christian Association). Voraussetzung ist die Mitgliedschaft in der internationalen Youth Hostel Federation. Die beliebteste Jugendherberge ist das Vanderbuilt YMCA (47th St. zwischen 2nd und 3rd Av.), ausgestattet mit Swimmingpool, Fitneßraum und Restaurant. Die größte ist das New York International Youth Hostel (Amsterdam Av., 103rd. St.) in einem denkmalgeschützten Bau aus dem Jahre 1882. Und gleich in der Nähe des Lincoln Center befindet sich das West Side YMCA (63rd St.), ebenfalls mit Fitneßraum und Swimmingpool.

Will man günstig wohnen und gleichzeitig etwas Uni-Luft schnuppern, kann man sich in Student Dorms der New York University einmieten, Mindestaufenthalt sind allerdings drei Wochen. Kein Seemannsgarn: Mit kleinem Budget und großem Hang zur Seefahrt ist man im »Seafarers and International House« (123 E., 15th St.), einem kirchlichen Seemannsheim gut untergebracht.

Auch an die alleinreisende Frau wird in New York gedacht, einige Hotels wie das Martha Washington (30th St. zwischen Park und Madison Av.) oder das Allerton House (Broadway, 54th St.) haben sich auf *women-only* spezialisiert. Die auf die reisende Dame spezialisierten Hotels sollten bei Ihnen übrigens keinerlei Berührungsängste auslösen. Es handelt sich dabei nicht um New Yorks Lesbentreff. Hier steigt ab – von der Managerin bis zur Hausfrau –, wer sich in weiblicher Gesellschaft sicherer fühlt.

Da der Big Apple zu keiner Zeit über Besuchermangel klagen kann, sollte man seine Unterkunft – welche auch immer – möglichst frühzeitig buchen und – sofern möglich – einige *special deals* aushandeln. So gibt es Wochenendangebote, die die Zimmerkosten um bis zu 40 Prozent schrumpfen lassen, ebenso Preisnachlässe bei einem längeren Aufenthalt.

Haben Sie bereits die regulären Hotelkosten erschreckt, kommt es jetzt noch dicker: Zu den Zimmerpreisen müssen noch vier Arten von Steuern dazugerechnet werden, insgesamt gute 20 Prozent! Für gewöhnlich wird auch das Frühstück extra berechnet, doch die erste Mahlzeit des Tages sollten Sie lieber à la New Yorker im Coffee Shop nebenan als im Hotel-Restaurant einnehmen.

Am geballtesten ist das Hotel-Angebot in Midtown, zwischen 42nd und 59th Street. Die Gegend um den Times Square gehört nicht unbedingt zur 1-A-Lage. Zwar wurde im Zuge der Millioneninvestitionen großer Hotelketten (Novotel, Marriott) auch das Polizeiaufgebot verstärkt, dennoch leuchten die hellen Lichter der Hotelhallen an der 7. und 8. Avenue mit den roten Lichtern der Peep-Shows um die Wette.

Empfehlenswerter als die Megahotels Marke Sheraton sind die Hotels mit 300 Betten. Während man in ersteren leicht zur Zimmernummer im Schlafsupermarkt degradiert wird, trägt der Service in den »kleineren« Unterkünften noch einen persönlichen Stempel.

Alle Hotels vorzustellen ist hier nicht der Ort. Eine Broschüre mit allen Hotels gibt es gratis beim New York Convention's and Visitor's Bureau (2 Columbus Circle, New York, NY 10019), ich beschränke mich auf einige *special interest tips*.

In einer lauen Nacht 1978 griff Punk Rocker Sid Vicious zum Messer und erstach seine Freundin Nancy. Der Vorfall geschah nicht irgendwo, sondern im legendären Chelsea Hotel (222 West, 23rd St.). Das erste Apartment-House New Yorks mit der dekorativen Fassade und den eisernen Sonnenblumen-Balkonen wurde 1905 in ein Hotel umgewandelt und hat seitdem eine stattliche Riege illustrer Gäste gesehen: Mark Twain, O. Henry, Thomas Wolfe, Vladimir Nabokov, Sarah Bernhardt. Arthur Miller flüchtete hierher, als er vom Krawattenzwang in den First-Class-Hotels genug hatte. Das Chelsea zählt zu den günstigen Hotels in New York, doch nicht allein dieser Umstand erschwert es, ein Zimmer zu bekommen; viele Räume sind von äußerst schrulligen Langzeitmietern besetzt. Aber auch wenn Sie hier nicht übernachten, werfen Sie einen Blick in die sehenswerte Eingangshalle des Chelsea's: dekoriert mit Hinweisen und kunstvollen Geschenken berühmter Gäste.

Der französische Designer Philippe Starck hat mit Entwurf und Ausstattung des Paramount Hotel (235 W., 46th St.) seine Auffassung von zeitgemäßer urbaner Wohn- und Gastlichkeit verwirklicht. Von silbernen, hütchenförmigen Waschbecken in den etwas klein geratenen Badezimmern bis zu stethoskopartigen Lampen. Die Lobby gleicht einem Filmset, im Mittelpunkt der Eingangshalle erinnert die breite, graue Treppe an den Aufgang zu einem Raumschiff, die Aufzüge fallen durch Bonbonfarben ins Auge. Videorekorder und täglich frische Blumen gehören zur Grundausstattung der Zimmer, der Service ist spitzenmäßig, die Preise halten sich in Grenzen.

Ebenfalls auf Philippe Starcks Konto geht das Royalton-Hotel, (44 W., 44th. St.), eine wilde Mischung aus den unterschiedlichsten Stilrichtungen; Art-Deco-Sessel, Mahagoniwände und Gaslichtfeuer im Kamin.

Das Box Tree (49th St., 2nd Av.) zählt zu dem Typ Hotel, wo man weniger des übermäßigen Raumes wegen als vielmehr aus Vorliebe für den Stil übernachtet: Im Angebot sind 13 Zimmer in ägyptischem, japanischem oder chinesischem Zuschnitt.

Unter die Kategorie »ausgefallenes Schlafen« fällt das Carlton Arms (160 E., 25th St.). Die Zimmer in dem ehemaligen Obdachlosenasyl sind schrille Kunstwerke: OP-Lampen, die von einer blutroten Decke hängen, Bananenstauden, grüner Kunstrasen – etwas für Freunde des Skurrilen!

Wen nächstens der knurrende Magen weckt, ist im Morgans (237 Madison Av.) gut aufgehoben. Das Hotel ist bekannt für seinen Service; ob es Sushi nachts um halb eins oder eine heiße Pizza morgens um halb fünf sein soll, das Team von Morgans besorgt es für Sie. Verputzt werden kann der Mitternachtssnack dann in den flippig eingerichteten Zimmern, Videorekorder und Telefon im Bad inklusive.

Charakter und vor allem einen eigenen Park hat das

graziöse alte Gramercy Park Hotel (21st St., Lexington Av.) zu bieten. Einrichtung und Aufzüge haben zwar schon bessere Zeiten gesehen, doch der Schlüssel für Hausgäste vom Portier zum Gramercy Park macht alles wieder wett.

Vom Ruhm vergangener Zeiten kann auch das Algonquin Hotel (59 W., 44th St.), Jahrgang 1902, ein Lied singen. Die erste Strophe schrieben Schriftsteller wie Robert Benchley und Dorothy Parker, die sich zu regelmäßigen Sitzungen im Rose Room trafen. Die zweite Strophe wurde im Oak Room verfaßt, wo sich die Versammlung zum Runden Tisch entwickelte, deren Gedankenblitze man im *New York Word Magazin* nachlesen konnte. Geblieben ist ein gemütliches Hotel, nach einer zweijährigen Schönheitskur – verordnet von einer japanischen Firma – wieder gut in Schuß.

Die Gäste selbst sind das Interessanteste am United Nations Plaza (First Av., 44th St.). In diesem Hotel mit in Chrom und Marmor gehaltenen Zimmern treten gehäuft Vertreter der Vereinten Nationen auf. Man trifft sie auf dem dazugehörigen Tennisplatz oder im Swimmingpool an.

Broadway Stars mit unteren Einkommen pflegen gerne im Wyndham Hotel (42 West, 58th St.) zu nächtigen. Optimisten, die auf eine längere Laufzeit ihres Stückes hoffen, bringen gleich ihre eigenen Möbel mit. Auch Peter Falk alias Colombo ist hier schon gesehen worden – allerdings ohne eigene Wohnzimmereinrichtung.

Wollten Sie schon immer einen Fernseher im Badezimmer? Dann ist das Michelangelo (51st. St., 7th Av.) mit seinen geräumigen Zimmern im Art Deco oder Empire Stil die richtige Adresse. Und wenn Sie keine Lust haben, Ihre Koffer selbst auszupacken, besorgt das ein hoteleigener Auspackservice. Soviel Luxus hat natürlich auch einen stolzen Preis.

Vom Auspack- zum Begrüßungsservice; im Lowell (63rd St. zwischen Park und Madison Av.) werden die Gäste von der ersten Minute an mit Namen angesprochen. Das allein ist sicherlich noch kein überzeugendes Argument, die Nacht in dem Art-Deco-Hotel zu verbringen, doch die angenehm eingerichteten Zimmer mit Stichen aus dem 18. Jahrhundert und den knisternden Kaminen sowie der gutausgestattete Fitneßraum könnten den Ausschlag geben.

Das Mark (77th St., Madison Av.) hat den Videoservice ausgebaut. In der hauseigenen Videothek kann der gewünschte Film ausgesucht und im zimmereigenen Videorekorder angesehen werden. Auch nicht uninteressant sind die In-Room-Jacuzzis, doch es geht nichts über die geheizten Handtuchhalter!

Die mit Abstand flauschigsten Handtücher gibt es in New York Palace Hotel (455 Madison Av.). Der Hauptspeisesaal gilt als amerikanische Antwort auf Versailles. Das Luxushotel ist seit 1993 in der Hand der königlichen Familie des Sultanats Brunei. Die frühere Palast-Königin, Leona Helmsley, mußte es verkaufen, als man sie wegen Steuerhinterziehung hinter Gitter steckte.

Luxus, an den man sich gewöhnen könnte, bietet auch das The Pierre (2 East, 61th St.): riesige Zimmer, enorme Badezimmer, 24 Stunden- und Schuhputzservice, das Zimmermädchen kommt zweimal am Tag zum Aufräumen. Das Pierre war übrigens die bevorzugte New Yorker Adresse von Salvador Dalí.

John F. Kennedy schätzte den Aufenthalt im Carlyle Hotel (35 E., 76th St.), und der Jet Set tut es heute noch. Schlichte, klassische Eleganz auf 38 Stockwerken. Das Carlyle ist eines der wenigen Top-Hotels, die auch dem strengen Urteil verwöhnter Europäer standhalten können.

Aber es kommt noch besser: Das St. Regis Sheraton (2., 55th St.) bietet als einziges New Yorker Hotel einen 24-Stunden-Butler-Service. Die Absicht des Gründers John Jacob Astor war es, ein Hotel zu schaffen, wo sich der Gast so wohl fühlen kann, wie in seinen eigenen luxuriösen vier Wänden. Sollten Sie auf Ihren Hausdiener nicht verzichten wollen, wird auch im St. Regis nichts Ihr Wohlbefinden trüben.

Wenn Promis vor den gnadenlosen Schlagzeilen der *yellow press* flüchten, fühlen sie sich im Plaza Athénée (37 E., 64th St.) am sichersten. Das Luxushotel nach Pariser Vorbild läßt den Paparazzi keine Chance. Es verfügt nur über einen einzigen, ständig bewachten Eingang. Zu den Penthouse-Suiten gehören Terrasse und Solarium.

Und um dem Luxus die Krone aufzusetzen: Das erste Hotel der Stadt ist seit 1907 das Plaza (5th Av., Central Park). Die Traditionsherberge, in der schon Roosevelt und die Beatles die Nacht verbrachten, hat eine Generalüberholung durch Ivana, damals noch Mrs. Trump, hinter sich. Für fast eine halbe Milliarde Dollar hatte ihr damals noch schwerreicher Gemahl 1988 das Hotel erstanden. Und wie das Leben so spielt, wurde 1993 im von Mrs. Trump I. so sorgsam renovierten Ambiente die aufwendige Hochzeit von Ex-Ehemann Donald mit Mrs. Trump II. gefeiert.

Platz zwei hält das Waldorf Astoria (Park Av., zwischen 49th und 50th St.), das nach einer millionenschweren Restaurierung wieder im Glanz alter Zeiten erstrahlt, als dort die oberen Zehntausend ihre traditionellen Wohltätigkeitsveranstalten abhielten. Die Suiten sind ebenso ein Schlafvergnügen wie natürlich eine Preisklasse für sich, wobei letztere das Budget des gewöhnlichen New York-Besuchers möglicherweise ein klein wenig übersteigen dürfte. So richtig begeistert Sie keine der Möglichkeiten, die Nacht zu verbringen. Dann bestellen Sie sich doch Ihre eigene Matratze und wählen selbst Ihren Standort. Innerhalb von zwei Stunden bekommen Sie das gewünschte Modell geliefert. Einfach ›dial-a-mattress‹ oder www.sleep.com wählen.

Wenn Sie Ihr Hotelzimmer räumen und den Heimweg antreten, sollten Sie sich zuvor versichern, daß Sie Nachthemd und Rasierzeug eingepackt haben. Einer Studie der Mitarbeiter des New Yorker Novotels (226 W., 52nd St.) zufolge, die ein Jahr lang das Verhalten der Gäste beobachtet haben, sind dies die Artikel, die am liebsten in den Hotelzimmern vergessen werden. Festgestellt wurde außerdem, daß Männer ein Hotelzimmer aufgeräumter verlassen als Frauen. Ein deutliches Geschlechtergefälle auch bei der Zerstreutheit: Von 252 Gästen, die sich aus ihren Zimmern ausgeschlossen hatten waren 176 weiblich, davon 76 nicht vollständig bekleidet. Also, meine Damen, wenn Sie sich schon aussperren, dann besser angezogen.

... the city that never sleeps

I wanna wake up in a city that never sleeps..., was **· · · I** Franckieboy einst in seinem Lieblingslied auf den Big Apple pries, hat heute wieder mehr denn je Gültigkeit. Eine vorübergehende Flaute ließ das New Yorker Nachtleben Ende der achtziger Jahre ein kurzes Nikkerchen machen; Wirtschaftskrise und Angst vor Aids trieben die New Yorker statt in Nachtklubs zu Dinnerparties und Fitnessclubsessions, doch mittlerweile steckt die New Yorker Nacht wieder voller Energien, ist für alle da: Exhibitionisten, Voyeure, Transsexuelle. Einzig der bürgerlich-konservative Besucher muß ein wenig Ausschau halten, bis er in der Party-Hauptstadt auf seine Kosten kommt.

Auf der Suche nach einer gewöhnlichen Diskothek könnte er zum Beispiel im Limelight (660 6th Av.) landen, einer der bestbesuchten Kirchen (Ex-Church of the Holy Communion) der Stadt. Wenn auch das Innere statt im warmen Kerzenschein zu erstrahlen von Scheinwerferlicht erhellt wird, von der Kanzel ein Lautsprecher alles andere als fromme Verse von sich gibt und die Anwesenden nicht inbrünstig ins Gebet, sondern in lautes Technogedröhne versunken sind. Einzig ein paar Heiligenbilder in den Mosaikfenstern erinnern noch daran, daß es sich einst um heilige Hallen handelte.

Er könnte im wahrsten Sinne des Wortes im Tunnel (220 12th Av., 27th St.) enden, einem alten Subway-Schacht, der zu einer Megadiskothek umgebaut wurde. Sogar der Bathroom ist für eine Überraschung gut: Die Tunnel-Toilette ist wohl die einzige Bedürfnisanstalt der Welt mit komplett bestückter Bar. Im Vergleich dazu scheinen der lebensgroße Grizzly-Bär und die Rollerskater im Käfig ganz und gar nicht befremdlich.

Den inzwischen wohl auf das Schlimmste gefaßten bürgerlich-konservativen Nachtschwärmer dürfte die Webster Hall (125 E., 11th St.) dennoch ein wenig in Staunen versetzen; die vierzigtausend *square foot* große Diskothek setzt ebenfalls auf Erlebnisbesuch im Bathroom: In der Toilette kann in Miss Francesca's Boutique eine Platinperücke erstanden werden. Oder aber er könnte vor der verschlossenen Türe des Nell's (246 W., 14th St.), einem viktorianisch gestylten Nightclub mit Couch und Kerzenhalter, am Bewacher der Pforte verzweifeln.

Die Türsteher sind die wahren Herren der Finsternis. Sie herrschen über die besseren New Yorker Diskotheken und Nachtklubs, sie allein entscheiden, wem sie die Gnade des Einlasses gewähren. Besonders am Wochenende stehen die Chancen gut, daß Sie die Nacht statt im wilden Nightlife auf dem Randstein vor dem Nightclub verbringen.

Völlig frustriert kehren Sie also zurück in Ihr Hotelzimmer und beschließen, als Teil einer neuen Türsteher-Eroberungstheorie, den nächsten Anlauf mit Krawatte, Hochzeitsanzug und geordnetem Haar oder im kleinen Schwarzen mit sorgfältigem Make-up zu versuchen. *No way* – in New York gilt die Devise, je verrückter und ausgeflippter, desto lieber.

Reißen Sie sich Löcher in die Anzughose, hängen Sie sich den Ledergürtel um den Hals, kleben Sie sich lange künstliche Wimpern an, lassen Sie Ihrem Haar freien Lauf, verteilen Sie neonfarbenes Make-up in Ihrem Gesicht – und Ihre Chancen auf Einlaß steigen um ein Vielfaches.

Derart aufgestylt, wird es sicher einfacher, Einlaß in das USA (218 W., 47th St.), das Macy's unter den Nightclubs zu finden – wenn auch die Schlange der Wartenden meist um den halben Häuserblock reicht. Ein wenig Opfer will schon sein, möchte man sich, wie oft auch Madonna und Prince, in dem riesigen Times Square Dance Emporium dem Technosound hingeben. Zusätzliche Attraktion sind ein nachgebauter Rotlichtdistrikt und im oberen Stockwerk ein von Thierry Mugler, dem *enfant terrible* der Modewelt, gestalteter Raum mit Wendeltreppe aufs Dach.

Nicht ganz so lang ist gewöhnlich die Warteschlange vor dem Palladium (126 E., 14th St.), der alten Dame unter den Tanzpalästen. Jahrgang 1985, für eine New Yorker Diskothek ein biblisches Alter.

Bleiben Sie trotz aller Verkleidung immer noch vor der Türe stehen, hilft vielleicht ein letzter, verzweifelter Versuch: Warten, bis eine dicke Limousine vorfährt, ein Prominenter aussteigt und sich unauffällig unter seine Begleiter mischen.

Grundsätzlich gilt: Suchen Sie sich für Ihren Diskobesuch besser einen Werktag aus, denn am Wochenende stürmen die »Vergnügungspendler« aus New Yorks Umgebung die Klubs, und es wird ziemlich eng. Wenn

Sie vor Mitternacht erscheinen, haben Sie die Klubs für sich allein; die Szene setzt sich ab ein Uhr nachts erst richtig in Bewegung. Um die Nacht offenes Auges genießen zu können, sollten Sie vor dem Ausgehen eine kleine Ruhepause einlegen. Im Falle größerer Müdigkeit können Sie Ihr Nickerchen sogar bis 4 Uhr morgens ausdehnen, denn um diese Uhrzeit geht die Party im Save the robots (Av. B zwischen 2nd und 3rd St.) erst los.

Noch ein warnender Hinweis für empfindliche Naturen. In den Diskotheken ist die Musik so laut, daß sie die Brust vibrieren läßt, das Licht flackert so grell, daß es in den Augen sticht, der Geruch von Schweiß und Alkohol ist so penetrant, daß er in der Nase beißt.

Sie wollen es dennoch wagen, können aber nicht tanzen? Das dürfte das geringste Problem sein, da die Menschen so dichtgedrängt auf der Tanzfläche stehen, daß höchstens an ein rhythmisches Wippen zu denken ist.

Eine Spur gemütlicher geht es in New Yorks schummrig-schaurigen Jazzschuppen zu. Die Holzböden in den traditionellen Jazzlokalen waren für so manchen unbekannten Künstler die Bretter, die ihn zum Jazzstar machten.

Allen voran das legendäre Village Vanguard (178 7th Av. South): Miles Davis, Chet Baker, Nina Simone machten in diesem düsteren Keller ihre musikalischen Anfangsschritte. Noch heute ist bei den Newcomern ein Auftritt in der Jazz-Hochburg heiß begehrt. Was in der Jazzwelt Rang und Namen hat, absolviert auch gerne einen Auftritt im Blue Note (131 W., 3rd St.) oder im Sweet Basil (88 7th Av. South).

Das gleiche gilt für Fat Tuesday's (190 3rd Av.).

Einst traf sich in diesem Klub ein deutscher Gesangsverein, heute werden hier jazzige Töne angestimmt. In Michael's Pub (211 E., 55th St.) steht zwar jeden Abend Jazz auf dem Programm, doch montags lohnt sich der Besuch besonders: Die Dixieland New Orleans Funeral and Ragtime Band spielt auf, Komiker Woody Allen greift gelegentlich zur Klarinette. Dreimal wöchentlich abends und jeden Sonntagmorgen serviert der Jazz/ Supper Club Birdland (2745 Broadway) was wohl? – Jazz.

Auch die musikalischen Minderheiten seien nicht vergessen: Folkfreaks können ihrer Leidenschaft im Bitter End (147 Bleeker St.) oder im Speakeasy (107 MacDougal St.) frönen, zwei der drei Folkenklaven, die überlebt haben. Und wer schließlich in Dallas-Stimmung nach Amerika gekommen ist, kann im Lone Star Roadhouse (240 West, 52nd St.) Country-Melodien mitsummen. Übrigens sind die New Yorker durchaus auch Fremdartigem gegenüber aufgeschlossen. Die Probe aufs Exempel machte Hubert von Goisern, der im The Cooler Nightclub (14th St.) wagemutig seinen Alpen-Rock präsentierte. Die anfängliche Skepsis über »Hiatamadl« und den »Wilderer Rap« wandelte sich bald in Begeisterung, und sogar Rufe nach einer Zugabe wurden laut. Dennoch war der Klub nicht dazu zu überreden, sich künftig auf bayerische Volksmusik zu spezialisieren.

Wenn die Dance und Jazz Clubs gerade nicht angesagt sind, macht sich der New Yorker auf zum *barhopping*. Dabei handelt es sich nicht etwa um eine neue Fitneß-richtung, sondern um den »Fachbegriff« für den Besuch eines »Musikklubs« nach dem anderen. Haben Sie in einer Nacht mindestens sechs Bars abgeklappert, dürfen Sie sich als *clubcrawler* bezeichnen.

Einen Crawl wert sind das Max Fish (Ludlow St.) mit der lokalen Grunge-Szene, Billiardtisch und billigem Bier, die Mercury Lounge (217 E., Houston St.) mit einem ohrenbetäubendem Sound, die Knitting factory (47 E., Houston St.) mit Hang zum Avantgardismus und täglich wechselnden Happenings, der Peculiar Pub (145 Bleeker St.) mit über 250 verschiedenen Biersorten, das CBGB (315 Bowery), dem Geburtsort des Punk Rock, der China Club (2139 Broadway) mit Mainstream Rock n'Roll, das Sugar Reef (93 Second Av.), an dem jeglicher Trend scheinbar spurlos vorübergeht, The Spiral (244 E., Houston St.) mit einer Vorliebe für Live Off Beat, das Boca Chica (13 First Av.) mit heißer Salsa-Musik oder das S. O. B. (204 Varick St.) mit Latino Sound und Sambarhythmen. Im Magique Home of Chippendale's (1110 First Av., 62 St.) werden die weiblichen Clubcrawler vermutlich mehr Spaß haben als die männlichen: Es handelt sich dabei um den Heimathafen der weltweit auftretenden und inzwischen auch bei uns tournee-erprobten Männerstripgruppe.

Das Musical ist Inbegriff des New Yorker Nachtlebens, und der Broadway, Geburtsstätte der ureigensten amerikanischen Theatergattung, ist der Inbegriff des Musicals. Auf dem Great White Way – so genannt wegen seiner Neonlichter und Leuchtreklamen – schlägt seit über hundert Jahren das amerikanische Show-Herz. Alles, was den Erfolg einer Aufführung ausmacht, ist im Überfluß vorhanden: die besten Regisseure, Choreographen und Schauspieler, das Geld für die Produktion, die Kritiker und – auch nicht ganz unwichtig, das Publikum.

Der Liebhaber der singenden und swingenden Version des Theaters wird sich allerdings mit einem Problem konfrontiert sehen: nämlich mit der Schwierigkeit, an eine Eintrittskarte zu kommen. Die meisten der über 35 Theater sind zwischen Broadway, Times Square und Eighth Avenue zu finden. Die interessantesten und besten Musicals sind ständig ausverkauft. Um einigermaßen passable Plätze muß man sich schon Monate im voraus bemühen.

Bleiben zwei Möglichkeiten: Man begnügt sich mit einem mittelmäßigen, nicht ausverkauften Stück, dessen Show-Einlagen schon bessere Jahre gesehen haben, dessen musikalische Qualitäten nicht immer die reine Freude für das Ohr sind und dessen Stars für New Yorker Verhältnisse ausgedient haben, wenn sie auch im Vergleich zu so manchen deutschen Show-Größen immer noch Spitzenklasse haben.

Oder man überlegt sich schon Ostern zu Hause, was man sich in seinem New Yorker Weihnachtsurlaub ansehen möchte – und greift sogleich zum Telefon. Denn Ihren Platz können Sie von Deutschland aus entweder direkt beim Theater oder bei einem Vorverkaufsbüro reservieren lassen – funktioniert aber nur mit Kreditkarte. Ein brandheißer Tip, um an Karten für Broadway-Vorstellungen heranzukommen, die am gleichen Abend stattfinden und daher nur die Hälfte kosten, ist TKTS, ein Ticket-Center am Times Square. Der Tip ist so brandheiß, daß er sich schon überall herumgesprochen hat und man gewöhnlich stundenlang in einer Schlange, je nach Jahreszeit, schwitzender oder frierender Menschen verbringen muß. Und dabei gäbe es eine so einfache Alternative für Schnäppchenjäger nach Broadway-Karten – je nach Jahreszeit mit Heizung oder Air-conditioning: das World Trade Center. Auch hier bekommt man verbilligte Broadway-Tickets, doch offenbar verspricht man sich von einem Straßenstand günstigere Preise als von einer Verkaufsstelle im Wolkenkratzer.

Mehr Glück auf eine Karte, auch ohne wochenlange Vorbestellung, haben Sie in den Broadway-Theatern nördlich des Times Square. In der Regel steht dort pro Theater nur ein einziges Stück auf dem Programm. Und das wird dann gnadenlos weitergespielt, Tag für Tag, Woche für Woche, bis es kein Mensch mehr sehen möchte – Indikator hierfür ist ein eklatanter Publikumsschwund. Wenn Sie also einen langen Atem haben, könnten Sie es sogar schaffen, in der ersten Reihe zu sitzen.

Neben den zeitlosen Gassenhauern wie »42nd Street«, »Hello Dolly« und »Funny Girl« vermitteln auch Hits neueren Datums wie »Phantom of the Opera«, »Kiss of a Spiderwoman« oder die neue Version der Rock-Oper »Tommy« ein echtes Broadway-Feeling. Hoch im Kurs stehen auch Remakes von Klassikern wie »My Fair Lady« oder »Show-Boat«.

Die abenteuerlichere Version der gängigen Broadway-Aufführungen sind Vorstellungen in den Off-Broadway-Theatern, die meisten davon befinden sich in und um Greenwich Village.

Kristin Marting ist Co-Artistic Director des Tiny Mythic Theater, das sie 1988 zusammen mit Tim Maner gründete. Beide kamen frisch von der NYU School of the Arts mit großem Ehrgeiz und wenig Kapital.

Ein intensives Spendenaufkommen, vor allem seitens Mom und Dad ermöglichte ihnen einen ersten Start, eine Saison mit fünf Produktionen in sechs Monaten. Der Durchbruch kam 1994 mit dem OBIE–Award (was das auch immer für ein Preis sein mag). Und seitdem glaubt nicht nur der engere Familienkreis an die beiden. Das Tiny Mythic Theater präsentiert im Here (145 6th Av., Spring St.) seine außergewöhnlichen Inszenierungen mit so trivialen Titeln wie »Terminal Lunch« oder »Kitchen Sink Drama« in einem äußerst gemütlichen Ambiente.

Der Theaterraum ist eingerichtet wie ein Wohnzimmer mit Bar, statt in enge Stuhlreihen eingeklemmt zu sitzen, kann sich der Zuschauer in weichen Polstersesseln lümmeln. Gleichzeitig werden kurze Film- und Videoeinspielungen gezeigt – Langeweile hat nicht die geringste Chance.

Die American Living Room Performances Series von Marting und Maner hatten durchschlagenden Erfolg; vier Inszenierungen pro Nacht sind ausverkauft, das kleine Theater ist chronisch übervölkert.

Das war eine Aschenputtel-Geschichte aus dem Theatermilieu. So entwickelt sich eine New Yorker Off-Karriere, wenn sie gutgeht. Im umgekehrten Fall müssen sich Mom und Dad von ihrer Spende verabschieden, dürfen aber möglicherweise ihr Kind wieder begrüßen, das reumütig an den heimischen Herd zurückkehrt.

Die Off-Theater dienen als Probelauf für den großen Auftritt. Entwickelt sich ein Stück auf einer kleinen Bühne zum Hit, wird es oft auf den Broadway transferiert. Solche Probedurchläufe können Sie beispielsweise in der Performing Garage (33 Wooster St.) oder dem Provincetown Playhouse (133 McDougal St.) mit Theatergruppen wie der Negro Ensemble Company »La Mama« oder der Wooster Group erleben.

Die nächste Steigerung lautet Off-Off-Broadway-Theater. Dort toben sich Exoten und Avantgardisten aus. Trifft man eine gute Wahl, kann man für wenig Geld ausgezeichnetes experimentelles Theater sehen: Sprache, Tanz und Musik kombiniert mit elektronischen Tonträgern, Licht- und Videoeffekten. Eine relativ gute Treffsicherheit versprechen The Kitchen (512 W., 19th St.), der Pionier unter den Off-Offs, und Performance Space (122 First Av., 9th St.)

Den besten Überblick über das Programm der Theater mit Inhaltsangabe vermitteln die Wochenmagazine *New York* und *The New Yorker*, der tägliche Spielplan steht in der *New York Times*. Den gleichen Dienst erweist natürlich auch der Amerikaner liebstes Kind, der Fernseher. Rund um die Uhr informiert außerdem die Theater-Hotline NYC/ON STAGE über Programm und Tickets.

Die Hotline-Manie hat ja inzwischen auch bei uns Einzug gehalten, keine noch so belanglose Sendung, zu welcher es nicht Informationen bis ins kleinste Detail per heißem Draht gäbe – noch beschränkt man sich bei uns allerdings auf Zahlen. Die Buchstaben deuten auf ein fortgeschritteneres Stadium der Hotlineitis hin.

Sie sind nach den Theaterbesuchen zum Broadway-Fan geworden? Dann muß ich Ihre Begeisterung über die Glitzerwelt-Romantik leider etwas dämpfen. Über dem Times Square hängt das Damoklesschwert der Rundumerneuerung. Ramschläden und Fast Food Parlors sollen Büro- und Hoteltürmen weichen. Die New Yorker selbst sehen's mit gemischten Gefühlen. Zum einen können sie ohne weiteres auf die Porno-Kinos, Massage-Tempel, Drogendealer und Taschendiebe verzichten, die sich rund um den Broadway eingenistet haben, zum anderen fürchten sie – wohl nicht ganz unbegründet – um das Broadway-Flair.

Vom berühmtesten Bühnenviertel der Welt zum nächsten Superlativ, zum mit 3800 Plätzen größten Opernhaus der Welt. Die Metropolitan Opera legt wenig Wert auf Konventionen; zwar sind die von September bis April stattfindenden Aufführungen neben musikalischen auch gesellschaftliche Ereignisse, dennoch ist es nicht nötig, sich für einen Besuch der Met im Lincoln Center in große Abendrobe zu werfen. In diesem Kulturmekka zählen Musik und Stars. Der Ruf an die Metropolitan-Oper wirkt selbst auf die größten Künstler derart verlockend, daß sie hier ihre Arien sogar für weit geringere Gagen schmettern als in europäischen Opernhäusern.

Auf der Suche nach dem Opernhaus machen Sie bloß nicht den Fehler, einen Passanten nach »der Metropolitan« zu fragen. Wenn Sie nicht »Oper« hinzufügen, könnte es zu einer verhängnisvollen Verwechslung kommen, und der hilfsbereite Zeitgenosse schickt Sie ins Metropolitan Museum of Art.

Die Darbietungen der New York City Opera, der eine Spur mehr innovativer Geist nachgesagt wird als der berühmten, eher klassisch orientierten Schwester, finden ebenfalls im Lincoln Center, im New York State Theater, statt.

Und auch die sogenannte ernste Musik hat im Mega-Kulturtempel Lincoln Center ihren angestammten Platz: In der Avery Fisher Hall spielt das New York Philharmonic Orchestra – gegenwärtig unter seinem Chefdirigenten Kurt Masur – während der von September bis Mai dauernden Konzertsaison.

Von Juni bis August werden Gratis-Aufführungen der New York Grand Opera auf der Central Park's Summer Stage geboten. Heiß und vor allem eng wird es allerdings auch bei diesen kostenlosen Freiluftaufführungen; mitunter erfreuen sich – ausgerüstet mit Kind, Kegel und Picknickkorb – an die 400000 Zuhörer an dem Musikspektakel vor der Wolkenkratzerkulisse.

Auch das Philharmonic Orchestra gibt im Juli Gastspiele im Central Park; Mozart, Verdi und Tschaikowsky unter schattigen Bäumen.

Die New Yorker Ballett- und Dance-Szene ist einsame Spitze, allen voran das New York City Ballett im Lincoln Center. Die Saison läuft von November bis Februar und von April bis Juni; Spitzenreiter ist die Special-Christmas-Aufführung von Tschaikowskys »Nußknacker«. Karten sind nur mit viel Glück und langer Bestellzeit zu bekommen.

Die Tanzgruppe des Amercian Ballet Theater tanzt von April bis Juni in der Met.

Für ausgezeichnete Tanzeinlagen steht auch das City Center (131 W., 55th St.). In dem intimen, leicht orientalisch angehauchten Tanztempel treten Kompanien wie das Alvin Ailey American Dance Theater oder das ausgezeichnete Dance Center Theater of Harlem auf.

Das Bessie Schonberg Theater (219 W., 19th St.) ist

eine gute Adresse für experimentellen Tanz. Das Juillard Theater gilt als Karriereschmiede für junge Talente (69 Lincoln Center Plaza).

Einen Versuch, an ein Ticket zu kommen, könnten Sie am Byrant Park, Sixth Avenue, 42nd Street machen. Allerdings sollten Sie gleich Ihre Abendgarderobe im Gepäck haben, denn es werden nur Karten für Vorstellungen am gleichen Tag verkauft.

Komikkönige Eddy Murphy, Robin Williams und sogar David Letterman machten ihre ersten komischen Versuche in New Yorker Comedy Clubs. Das Programm gibt es in zwei Variationen: professionelle Komiker, die die Lachmuskeln ihres Publikums erfolgreich strapazieren und sogenannte *open mike*-Abende, an denen Freiwillige ihre Witze zum besten geben dürfen. Der Eintritt für die *open mike*-Abende ist wohlweislich meist gratis, eine Garantie auf Lacherfolg gibt es nicht.

Die größten Chancen auf gute Gags hat man im Comic Strip (1568 2nd Av.), das für Eddy Murphy das Sprungbrett zum Erfolg war, im Stand-Up NY (26 W., 78th St.) oder im Dangerfield's (1118 First Av.), dessen Besitzer selbst zu den Komikern zählt.

Doch das bei weitem beste und bunteste Programm bekommen Sie im Big Apple völlig umsonst, ohne Ticket und Reservierung und täglich neu: das Streetlife. Die Straßen der Millionenstadt gleichen tagsüber einem Freilichttheater: die Neon-Leuchtreklamen, die hupenden *yellow cabs*, die heulenden Polizeiwagen, jüdische New Yorker mit traditioneller Kopfbedeckung, Inder im Sari, Obdachlose in Lumpen, Araberinnen mit

Schleier, Millionäre im Armani-Anzug, junge Mädchen im Maxi-Mini, Filmstars mit Sonnenbrille, Sechzigjährige mit Walkman und Rollschuhen – jeder für sich ein kleiner Broadway-Star.

Nachts werden die Straßen von New York für viele Menschen zum Wohnzimmer. Sei es, weil sie kein Dach über dem Kopf haben, sei es, weil die durchschnittliche Apartmentgröße gerade mal Platz für Fernseher, Küche, Dusche, WC und Schlafzimmer läßt, oder sei es, weil sie zur Gattung der unverbesserlichen Nachtschwärmer gehören. Man kann des Nachts in Lichterorgien schwelgen, man kann vom Psychiater-Besuch bis zur Autowäsche die ganze Nacht hindurch all seine Wünsche erfüllen. Und wenn dann der blaue Morgen heraufzieht, ist es verdammt leicht, sich in diese verrückte Stadt zu verlieben.

Déjà-vu-Effekt und Leinwandgrößen

*B*is die Filmemacher dem sonnigen Charme der Westküste verfielen, war der Big Apple Hauptstadt der Filmproduktion. Wenn auch heute Hollywood weit mehr nach Kino klingt als New York, so dürfte doch vieles auf den Straßen der Hudson-Metropole einen Déjà-vu-Effekt bei ihnen auslösen.

Um Ihnen in Ihrer Ratlosigkeit etwas auf die Sprünge zu helfen, hier einige Lösungen für das Rätselspiel: »Wo habe ich dies nur schon einmal gesehen?«

Fangen wir mit der leichtesten Übung an: Der Juwelier Tiffany's gehört zu – jawohl – Audrey Hepburn und »Breakfast at Tiffany's«, nie war New York romantischer als in diesem Roman von Truman Capote. Riesengorilla »King Kong« flirtet über der Skyline von Manhattan mit Fay Wray. Macy's Weihnachtsmann fasziniert Natalie Wood in »Miracle on 34th St.«. Frank Sinatra, Gene Kelly und Ann Miller tanzen in »On the town« von der Wall Street Richtung Rockefeller Center. Im Washington Square Park laufen Jane Fonda und Robert Redfort »Barefoot in the Park«.

Marilyn Monroe lüftet in »Seven Year Itch« ihren Rock über einem Subway-Schacht an einer Kreuzung der Lexington Avenue. Roman Polanski dreht »Rosemary's Baby« größtenteils in Dakota Apartments. John

Travolta löst das »Saturday Night Fever« als junger Italo-Amerikaner aus Broonklyn's Bensonhurst aus. Al Pacino begibt sich als »Serpico« zur Police-Department-Korruptionsbekämpfung unter anderem in die New York University.

Woody Allen zeigt in »Annie Hall« Coney Island, in »Manhattan«, seiner Ode an New York, führt er uns in den Central Park, ins New York Aquarium und ins Whitney Museum of American Art, in »Broadway Danny Rose« zeigt er die Carnegie Hall. Superman Christopher Reed tarnt sich als Reporter im *Daily News* Building. Milos Foremans Hippies tanzen in »Hair« durch den Central Park. Dustin Hoffman schockt Sydney Pollack als »Tootsie« im Russian Tea Room.

Im »Bonfire of the Vanities« verschreckt Sherman McCoy ein Trip durch die Bronx, in »When Harry met Sally« wird Katz's Deli in der Lower Eastside zum Schauplatz des ersten vorgetäuschten Filmhöhepunktes, das »Wedding Banquet« zeigt uns unter anderem Chinatown, und Robert de Niro führt uns mit seinem Regie-Erstling in die Straßen der Bronx.

So viele Déjà-vu-Erlebnisse haben bei Ihnen sicherlich Lust auf einen Kinobesuch geweckt, doch auch das erfordert eine gewisse Entscheidungsfreude. Sie können sich beispielsweise eine brandneue Hollywood-Produktion ansehen, die ihre Feuertaufe für gewöhnlich im Big Apple erlebt.

Konnten Sie bei dem englischen Original nicht allen Dialogen folgen, haben Sie ein halbes Jahr später, wenn der Streifen zu uns in die Kinos kommt, Gelegenheit, diese Lücken aufzufüllen. Kleine Orientierungshilfe: Stehen endlos lange Menschenschlangen vor einem

Kino, können Sie sicher sein, daß es sich um ein Uraufführungskino handelt. Die Zahl der Kinos in der Stadt ist Legion, das Programm wird per Leuchtschrift in unübersehbaren Dimensionen verkündet, kurz, sie sind nicht zu übersehen.

Neben den unterschiedlichen Spielarten der Last-Action-Hero-Hollywood-Kinos gibt es eine Reihe von Kunst- und Reprisenkinos, die sich auf Streifen von Anno dazumal oder ausländische Produktionen spezialisiert haben. Für Unentschlossene gibt es einige *two in one*-Lichtspielhäuser, die die kommerziellen Schlager Leinwand an Leinwand mit den Low-Budget- und ausländischen Streifen zeigen, wie das Angelika Film Center (611 Broadway, Houston St.). Kinoprogramm der alternativen Art gibt es im Anthology Film Archieves (32 2nd Av.), im Public Theater (425 Lafayette St.) oder im Film Forum (209 W., Houston St.). Immer für eine außergewöhnliche Filmvorstellung gut sind einige Museen wie das Museum of Modern Art, das Metropolitan Museum und das Museum of TV und Radio. Das aktuelle Kinoprogramm finden Sie in den lokalen Zeitungen.

Die zusätzlichen Ingredienzen für einen gelungen Kinoabend: Bewaffnen Sie sich mit einem überdimensionalen Pappbecher, bis zum Rande gefüllt mit weißem, rotem, grünem, braunem, süßem oder salzigem Popcorn, dazu genügend Soda, und dann heißt es: zurücklehnen und genießen.

Mit ein klein wenig mehr Arbeit verbunden ist dagegen ein Besuch bei einer der großen Studio-Shows, derer neun an der Zahl in New York gedreht werden: Es darf beziehungsweise muß im Zuschauerraum geklatscht werden. Die Jagd auf studiofüllende, klatschende oder Fragen stellende Zuschauer ist allerdings nicht so anstrengend wie bei einigen unserer Talk-Shows, die als Lockmittel zumindenst ein paar heiße Würstchen dazugeben. Die Tickets der New Yorker Shows gehen weg wie die warmen Semmeln.

Die heißeste Show ist die Late Night Show with David Letterman, CBS, (1697 Broadway, New York, NY 10019 mit einer Warteliste von gut fünf Monaten, dicht gefolgt von Saturday Night Live, NBC (30 Rockefeller Plaza, New York, NY 10112). Bei dieser Show kommt erschwerend hinzu, daß sie ein Herz für die Angestellten hat. Ein Großteil der Tickets geht an NBC-Leute, deren Freunde und Familien. An Karten kommen Sie, wenn Sie entweder postalisch im August, und nur im August, Ihre Bitte um Plätze äußern oder aber sich samstags um neun Uhr morgens an der 49. Straße, Eingang Rockefeller Straße unter die Wartenden einreihen. Es gilt die Faustregel: Je länger die Schlange, desto interessanter der Gast. Fünfzig Tickets werden verteilt, vor der Teilnahme steht ein *dress rehearsal* – Ihre Kleidung wird auf Fernsehtauglichkeit überprüft –, um halb zwölf Uhr abends beginnt die Show.

Wer bei Donahue (NBC, 30 Rockefeller Plaza, New York, NY 10112) oder Sally Jessy Raphael (P. O. Box 1400, Radio City Station, New York, NY 10101) dabeisein will, muß sich auf eine etwa dreimonatige Wartezeit einrichten. Für alle Shows gilt: Postkarte mit der Bitte um Plätze (pro Karte zwei Plätze) an obenstehende Adressen Monate vor dem New York-Besuch schicken.

Es wäre vermessen, ein bestimmtes Datum zu nennen, doch wenn Sie den Zeitraum Ihres Aufenthalts angeben, bekommen Sie in der Regel die Tickets – und damit erfüllt sich der geheime Wunschtraum eines jeden New York-Besuchers: Ganz Amerika sieht Sie im Fernsehen!

Die Shows unterscheiden sich in erster Linie durch ihre Gäste – und den Gastgeber. Man könnte noch anfügen, sie unterscheiden sich in den Themen, doch früher oder später wird in jeder Talk-Show jedes Thema durchgekaut - wie bestimmt auch die deutschen Talk-Show-Profis bestätigen können. Warum dann nach New York, wenn Hans Meiser (Obertalkshowmoderator von RTL) viel näher läge, könnte man an dieser Stelle einwenden. Nicht ganz, denn ein kleiner, aber feiner Unterschied macht sich dann doch bemerkbar zwischen einem Sendestudio in München oder Mainz und einem Studio in New York und zwischen einem bieder-pseudo-besorgten Moderator und einem ironisch-lässigen US-Profi.

Geschmacklosigkeit auf dem Prüfstand

*E*s soll Italiener geben, die für eine Schüssel New Yorker Pasta die Küche der *mamma* verraten, Japaner, die für amerikanisches Sushi meilenweit fliegen, Chinesen, denen ihre Peking-Ente nur im Big Apple so richtig schmeckt.

Sie werden unschwer erkennen, wohin diese Einleitung führen soll: Die New Yorker Küche ist ein amerikanischer Traum für jeden Geschmack und jeden Geldbeutel – und für jeden Tag. Sie können für den Rest Ihres Lebens in New York jeden Abend in einem anderen Restaurant speisen und werden niemals im gleichen Lokal zum zweitenmal einkehren müssen. Und wie erfüllt man sich seinen kulinarischen Traum?

Zur groben Erstorientierung reicht das Studium der Schilder über den Lokalen. So liegt man nie daneben, hinter einer Brasserie französische Küche zu vermuten, bei »Il Cantinori« Pizza und Pasta zu kosten, bei »Chin Chin« Haifischflossensuppe zu ordern, im »Hatsuhana« die Lust auf heißen Sake zu stillen oder in dem »Manhattan Ocean Club« nach Herzenslust in Fisch vom Feinsten zu schwelgen.

Aber Achtung! Wenn Sie sich für eine gastronomische Richtung entschieden, das Namensschild richtig interpretiert, sofort nach Betreten des Lokals einen freien

Tisch entdeckt haben und wie gewohnt darauf zusteuern möchten – tun Sie es nicht, dieses wäre ein Fauxpas.

Sie dürfen Ihren Platz nicht selbst wählen, Sie haben zu warten, bis Ihnen ein Tisch zugewiesen wird: *Please wait to be seated*. Erst wenn Ihnen die Bedienung einen Tisch ausgesucht hat, können Sie sich auch setzen. Zuvor allerdings müssen Sie noch eine knifflige Frage beantworten: *Smoking or non-smoking?* Denn die New Yorker Restaurants sind gesetzlich dazu verpflichtet, einen Teil ihrer Lokalitäten für Nichtraucher zu reservieren.

Raucher sind in New York ohnehin eine aussterbende Spezies, die, wenn überhaupt noch, auf längst verlorenem Posten kämpft. Viele Lokale lassen ihren Gästen nicht einmal mehr die Chance, freiwillig auf den Glimmstengel zu verzichten, sie verhängen generelles Rauchverbot.

In diesem Zusammenhang kommen wir im Land der Gleichbehandlung zu einem schlimmen Fall von Diskriminierung: Der ordinäre Glimmstengel wird geächtet, für Zigarrenraucher richtet man neuerdings Rauchsalons ein.

Entzündet dies einen leisen Funken Hoffnung in den Rauchern unter Ihnen, könnte das der Auftakt zur Entwicklung einer Rauchkultur sein? Vergessen Sie's, es verhält sich auch hier ganz wie im richtigen Leben nach der alten lateinischen Weisheit: Was Jupiter erlaubt ist, ist einem Ochsen noch lange nicht erlaubt...

Und einer Frau erst recht nicht: Das erste Rauchverbot wurde im Januar 1908 ausgesprochen – und betraf *women only*.

Ist das Lokal überfüllt, wird man Sie an die Bar bitten,

bei einem Drink auf Serviettenunterlage heißt es dann, sich in Geduld zu üben. Wozu warten, wenn bei dem Herrn am Tisch in der hinteren Ecke noch drei Plätze frei wären? Sie spielen mit dem Gedanken, sich leutselig dazuzusetzen? Vergessen Sie's. Dieses wäre wieder ein Fauxpas. Zu einem Unbekannten setzt man sich nicht!

Regt sich der Widerspruchsgeist in Ihnen? Warum sollten Sie sich Ihren Tischnachbarn nicht auswählen dürfen?

So lässig und ungezwungen die Amerikaner auch sind, in gewissen Dingen sind sie etwas eigen. Und dazu zählt nun mal auch ihre Privatsphäre beim Essen.

Hat das Mahl gemundet, kommt der Moment der Rechnung. Dann heißt es höllisch aufpassen, vor allem, wenn Sie sich unvorsichtigerweise als deutschsprechender Tourist enttarnt haben. Vorsicht Trinkgeldfalle! Genaues Nachrechnen lohnt sich. Denn das Trinkgeld, *tip*, ist in der Regel nicht im Preis inbegriffen, der Kellner erwartet gewöhnlich einen Aufschlag von 15 Prozent. Weniger kompliziert wird es, wenn man einfach die extra angeführte Steuer von 8,25 Prozent nimmt, diese verdoppelt und auf die Endsumme legt.

Trifft ein gewitzter Kellner auf einen ausländisch sprechenden Gast, nimmt er besorgt an, dieser könnte der komplizierten Trinkgelderrechnungsprozedur nicht gewachsen sein. Er beschließt also, ihm wertvolle Hilfestellung zu leisten, und schlägt von sich aus das Trinkgeld auf die Endsumme.

Was rundet ein opulentes Mahl erst so richtig ab? Eine gute Tasse Kaffee. Und wo, wenn nicht im Coffee Shop könnte es diesen geben. Kaffee bekommen Sie zwar dort, doch der filterverwöhnte deutsche Gaumen wird an dem schwarzgefärbten Getränk wenig Geschmack finden.

Dafür gibt es reichlich davon: einmal wird bestellt und bezahlt, beliebig oft wird nachgeschenkt. Immer größerer Beliebtheit erfreuen sich auch die koffeinfreie und die gut gekühlte Version: *de-caff* und *iced coffee*. Mundet die amerikanische Kaffeeversion nicht, empfiehlt es sich nur dann auf Tee umzusteigen, wenn dieser ausdrücklich auf der Karte erwähnt ist. Andernfalls könnte Sie das handwarme dünne Getränk wieder reumütig zum Kaffee zurückkehren lassen. Die Schwarzwälderkirsch-, die Käsesahne-, die Sachertorte, kurz den beliebten Nachmittagskuchen dazu können Sie sich im Coffee Shop abschminken. Apple Pie, ein trockener, zuckersüßer, klebriger, gedeckter Apfelkuchen ist das höchste der Kuchengefühle. Statt dessen bietet man Ihnen Hamburger, Sandwiches und Co. in allen Größen und Variationen – und *bagels*.

Bagels sind eigentlich ein Bestandteil des typischen New Yorker Frühstücks. Es handelt sich hierbei um knallharte, runde, bräunliche, ursprünglich jüdische Brötchen, mit einem Loch in der Mitte. (An dieser Stelle eine Warnung an alle Gebißträger!) Die Bagels gibt es mit und ohne Zimt, Zwiebeln, Rosinen und so weiter, und bestrichen werden sie mit mindestens einer halben Packung *cream cheese*.

Lassen Sie uns nun einen kleinen Ausflug auf den New Yorker Fast Food-Spezialitäten-Trampelpfad machen:

Breakfast to go – Der Morgen beginnt für den New Yorker, der gewöhnlich immer *in a hurry* ist, mit einem schnellen Snack und einem heißen Kaffee. Diese kulinarische Morgenzeremonie nennt sich dann liebevoll umschrieben *grabbing a bite*.

An jeder Straßenecke stehen die kleinen Aluminiumwagen, vollbeladen mit allem, was süß und klebrig ist. Ein Muffin – ein weiches Gebäckteilchen, das es übrigens auch in der *low-fat*-Version gibt, oder ein Doughnut – zu haben nur in der Originalversion – in der einen Hand, den Kaffee im Pappbecher in der anderen, gehen die New Yorker frühstückend zur Arbeit. Zur Mittagszeit sind die Breakfast-Aluwagen verschwunden, ihren Platz haben die Fast Food-Lunch-Wagen eingenommen.

Zur Wahl stehen eine reiche Auswahl an Soda mit und ohne Kohlensäure, Kalorien, Koffein. Dazu ein Hot Dog – die New Yorker bevorzugen die Krautversion – oder, für den kleinen Hunger zwischendurch, eine Pretzel. An die bayerische »Bretzen« erinnert nur noch die Form, gegessen wird das ungleich schwerere Brotteil heiß mit einer Senfauflage. Klingt nicht nur ungemein verführerisch, schmeckt auch so.

An oberster Stelle der kalorienreichen schnellen Semmeln steht Pastrami, eine Spezialität, die sich figur- und cholesterinbewußte Amerikaner höchstens einmal im Jahr leisten. Zwischen den Hälften einer weichen Hamburgersemmel verstecken sich rohe Zwiebeln und rotes, rohes Fleisch natürlich mit dem obligatorischen Senfüberzug. Auf diesen Genuß brauchen auch Gebißträger nicht zu verzichten, denn das Fleisch ist weich wie ein Kaugummi. Die Pastrami-Leidenschaft geht sogar soweit, daß alljährlich ein Pastrami-Wettbewerb veranstaltet wird; der Sieger darf sich dann mit dem hochangesehenen Titel »Pastrami King« schmücken.

Ein weiteres typisch New Yorker *meal on the run* sind Knishes, Teigtaschen, gefüllt mit einer Mischung aus Fleisch, Kartoffelpüree und karamelisierten Zwiebeln.

Als Nachtisch dann ein Stück des typischen New Yorker Cheese-Cake, einer ungemein schwereren Tortenspezialität als unser Käsekuchen, oder ein Carot-Cake. Weckt da bei Ihnen schon der Name den Appetit? Doch der Karottenkuchen schmeckt besser als er klingt, machen Sie es allerdings, wie der echte Kenner: dieser achtet darauf, daß kalifornische Karotten verwendet werden, mit kanadischen wird der Kuchen zu bitter.

Zu einem deftigen Imbiß gehört ein kräftiger Schluck, denken Sie, gönnen sich eine Flasche Bier zu dem Pastrami-Snack und genießen beides auf einer Parkbank. Sie setzen die nackte Bierflasche für einen Schluck an und spüren die entsetzten Blicke der Passanten. Das Biertrinken aus der Flasche ist verpönt, gilt als Zeichen schlechter Erziehung. Lassen Sie die Flasche beim Trinken dagegen in ihrer braunen Tüte stecken, gibt's keine Probleme. Keiner wird sich dagegen daran stören, wenn Sie Ihre Cola aus der *can* trinken.

Allerdings gehören Sie mit diesem Softdrink schon der Vergangenheit an. Während sich das Erfrischungsgetränk anschickt, den Osten zu erobern, verliert es in seiner Heimat an Boden. Der gesundheitsbewußte New Yorker bevorzugt einen Power-Drink; entweder die gängige Version mit Zitrusfrüchten oder den Spinat-, Ginger- oder Wurzel-Drink. Dr. Browns Cel-Ray-Drink, ein Selleriegetränk, verkauft sich rund eine Million Mal in New York.

Über die traditionellen Fast Food-Oasen viele Worte zu verlieren, wäre wie für eine Mahlzeit bei McDonalds eine Stunde anzuberaumen. Wenn Sie der Hunger auf eine Pappsemmel überfällt, müssen Sie bestimmt nicht lange suchen. Burger King, Kentucky Fried Chicken und Co., werden Sie zu finden wissen. Eine New Yorker McDonalds-Spezialkreation möchte ich Ihnen dennoch ans Herz legen: McDonalds De Luxe (160 Broadway). Der Geschmack bleibt zwar der gleiche, doch bereits am Eingang, wenn ein Diener in Livrée öffnet, Sie zu Marmortischchen begleitet, ein Pianist für dezente Hintergrunduntermalung sorgt, und das Dessert auf dem Silbertablett serviert wird, merken Sie: Dies ist Fast Food auf die Feine. Und dabei ist doch eigentlich das Mit-den-Fingern-Essen das schönste an BigMac und Co.

Von der Parkbankmahlzeit zum Delikatessen-Shopping: Der New Yorker, dem gute Qualität und Riesenauswahl wichtig sind und der dafür auch bereitwillig einige Dollar mehr auf den Tisch legt, kauft in den Gourmet Food Emporiums wie Dean & Deluca (560 Broadway), dem ultimativen High-Tech-Delikatessenladen, einem Paradies für Gourmetliebhaber. Alles, was man sich an weltweiten Spezialitäten auch nur vorstellen kann, hier wartet es, wunderbar dekoriert, auf den Käufer.

Schmackhaftes der ganzen Welt vereint auch Balducci's in Greenwich Village (424 6th Av.). Der Familienbetrieb ist einer der bestbestückten Food-Tempel New Yorks und *last but not least* darf bei den *best of* Gourmet-Giganten Zabar's (2245 Broadway) nicht fehlen. Auf drei Stockwerken alles rund um *food food food*.

Von den Von-der-Hand-in-den-Mund-Spezialitäten zu den bequemeren Speisemöglichkeiten, und deren gibt es nicht wenige: Für den großen und kleinen Hunger stehen in New York insgesamt 17000 Lokale zur Auswahl. Von ethnisch eingleisigen Küchenrichtungen bis hin zu den wildesten Verzweigungen wie einem koreanischen Vegetarierlokal oder einer chinesischen Pizzeria.

Halten Sie Ihre Pässe bereit, kratzen Sie Ihre Sprachkenntnisse zusammen; an dieser Stelle verlassen wir Amerika und machen einen kurzen Abstecher auf dem Teller rund um den Globus. (Warnung an alle Mitreisenden: Das Lieblingsspiel der New Yorker Gastronomie nennt sich Bäumchen-wechsel-dich. Die untenstehenden Stationen haben sich durch eine relativ lange Haltbarkeitsdauer ausgewiesen, die Chancen stehen also ziemlich gut, daß sie nicht wegen Reichtums oder Ruins geschlossen sind und Sie fündig werden...)

Starten wir unseren Trip in Europa, zunächst in heimatlichen Gefilden; Rolf's Restaurant (281 3rd Av.) ist eines der wenigen traditionellen deutschen Lokale in New York. Italien begrüßt uns in Little Italy. Griechenland im Estai (308 E., 86th St.). Französische Bistro-Atmosphäre empfängt Sie im Fourteen Bis (323 E., 79th St.), die Türkei läßt mit Istanbul Cuisine grüßen (303 E., 80th St.).

Mit Sido (81 Lexington Av.) kommen wir in den Nahen Osten, mit Mogador (101 St. Mark's Pl.) nach Marokko. Im Khyber Pass (34 St. Mark's Pl.) serviert ein ehemaliger Richter des Obersten Gerichtshofes in Afghanistan Gerichte seiner Heimat, das Bali Burma (651 9th Av.), das sich in der Namensgebung nicht für eine Nationalität entscheiden konnte, läßt uns südostasiatische Kochkunst kosten; jamaikanische Gerichte können wir im Caribe (117 Perry St.) genießen, indische im Darbar Indian (44 W., 56th St.), Thai-Küche im Kin Khao (171 Spring St.).

Das Peruvian (688 10th Av.) entführt mit ausgezeichnetem gebackenen Tomaten- und Korianderfisch nach Peru, El Parador (325 E., 34th St.) ist eines der ältesten und renommiertesten Mexican-Food-Lokale. Sushi und Co. gibt es im Omen (113 Thompson St.), im First Taste (53 Bayard St.) erklassige Hongkong-Gerichte. Ganz Chinatown verwöhnt mit China-Spezialitäten.

Eine Kostprobe der Küche des Ostens erwartet uns im Ukrainian (140 2nd Av.) mit Piroggen vom Feinsten, große Portionen der ungarischen Küche werden im Mocca Hungarian (1588 2nd Av.) aufgetischt, Kaviar und Baclava gibt's im Russian Tea Room (150 W., 57th St.).

Hier beenden wir unsere kulinarische Weltreise und sehen uns noch etwas in den amerikanischen Kochtöpfen um: Jezebel (630 9th Av.) bedeutet New Orleans Soul Food der pikantesten Art, scharfes texanisches Chili ist die Spezialität in der Manhattan Chili Company (302 Bleeker St.), Barbecue im Dallas Barbecue (27 W., 72nd St.).

Der fleischarme Fitneß-Trend scheint sich seinem Ende zuzuneigen, denn seit 1993 erleben New Yorks Steakhäuser eine wahre Wiedergeburt. Ein saftiges Steak bekommen Sie im Fleischpalast Smith & Wollensky (797 3rd Av.) oder im ältesten Steakhouse der Stadt, im Old Homestead (56 9th Av.). Doch nicht nur um das, was auf den Tisch kommt, auszuwählen, bedarf es einer gewissen Entscheidungsfreude, auch das Ambiente will in Betracht gezogen sein.

Bevorzugt man die musikalische Tischuntermalung klassisch, rockig oder avantgardistisch; soll es gewöhnliches Licht, Kerzenschein oder Neonbeleuchtung, Art-Deco, antikes Wandgemälde oder futuristisches Design sein?

Schließlich wäre noch der nicht gänzlich unwichtige Punkt der Aussicht zu klären: Unter dem Motto »Das Auge ißt mit« gibt es im 107. Stock des World Trade Centers im Restaurant Windows of the World zum nicht gerade spottbilligen Menü eine spektakuläre Aussicht auf die Bucht als Gratiszugabe. Im 67. Stock des Rockefeller Centers wartet der Rainbow Room mit einem Blick ins Herz von Midtown auf. Das River Café (1 Water St., Brooklyn Heights) krönt den Genuß des Dinners mit der Skyscraper-Skyline von Manhattan, und in der Tavern on the Green (67th St.) regt das saftige Grün des Central Parks nicht nur den Appetit auf Salat an. So gegen drei Uhr früh plagt Sie immer der kleine Hunger? Kein Problem. Im Florent mitten im Meat-Market (69 Gansevoort St.) gibt's bis zum Morgengrauen ein saftiges Steak, in der Cafeteria (119 7th Ave.) werden rund um die Uhr knackige Rippchen aufgetischt, im Stingy Lulu's (129 St. Marks Pl.) wird zum Steak mit Pommes eine Dragshow mitgeliefert.

Haben Sie sich schließlich für ein Restaurant entschieden, heißt es *carpe diem*; die Verschiebetaktik, »das kann ich bei meinem nächsten Besuch immer noch ausprobieren«, funktioniert nicht in New York. Über 70 Prozent der gastronomischen Betriebe im Big Apple schließen innerhalb von fünf Jahren oder wechseln den Besitzer.

Allen Unschlüssigen hilft möglicherweise der »Zagat

New York City Survey« weiter, ein einzigartiger Re-
staurantführer. 1500 Personen speisten im Zeitraum von
einem Jahr 200mal in einem Lokal. Die 600 geprüften
Restaurants wurden in diesem Führer veröffentlicht.
Die Testesser erledigten ihre Aufgabe unbezahlt und in-
kognito – wenn man in dieses Urteil kein Vertrauen haben kann...

Für den Erlebnisgastronomisten habe ich noch einen
Vorschlag der besonderen Art, ursprünglich und un-
getestet: Einige Kirchen laden an Sonntagen zum
Frühstück ein, für zirka sechs Dollar bekommen Sie
die besten, zartesten Pancakes mit selbstgemachtem
Ahornsirup und lernen gleichzeitig die gesamte Kir-
chengemeinde kennen.

Weg von der Kirche und hin zu Sündigerem, zu einer
speziell amerikanischen Kundenköderung, die ich Ihnen
nicht vorenthalten will: den Happy Hours. Die glücklichen Stunden, die auf Neon angepriesen werden, dauern von fünf Uhr nachmittags bis sieben Uhr am frühen
Abend und dienen dazu, das laue Vorabendgeschäft
etwas zu beleben. Beglücken soll dieses Vorhaben zum
einen den Besitzer des Lokals, dessen Kasse klingelt,
zum anderen den Kunden, der Spezialangebote genießen
darf, etwa zwei Drinks zum Preis von einem oder raffi-
nierte Cocktails zum Minimaltarif.

Apropos Hour – höchstwahrscheinlich hat die Beschreibung der New Yorker Köstlichkeiten Ihren kleinen Hunger geweckt und Sie möchten nun die *meal times*
wissen. Anhänger des mediterranen Essenszeitplanes
und Langschläfer werden einen kulinarischen Kultur-
schock erleben, denn in New York steht man selbst zum
Essen früh auf:

Die Frühstückszeit beginnt um sechs Uhr, erlebt ihren Höhepunkt gegen acht Uhr. Gegen zehn Uhr wird bereits das Mittagessen geplant, gegen 11.30 Uhr wird der Plan in die Tat umgesetzt. Gespeist wird gewöhnlich bis gegen eins; um fünf Uhr geht es dann ans Dinner.

Lediglich am Sonntag kommt der Wecker unters Kopfkissen, bleibt die Kaffeemaschine kalt: Man gönnt sich einen Brunch, ein kombiniertes Frühstück- und Mittagessen, das sich bis zwei Uhr nachmittag hinziehen kann. Die sonntäglichen Sonderangebote der Kategorie »All you can eat« für fünf Dollar füllen Zeitungsseiten.

Wo sich die Prominenz
leiblichen Genüssen hingibt

Da sind Sie nun schon mal in New York, dem bevorzugten Tummelplatz der Reichen und Berühmten, und bekämen sicher gerne den einen oder anderen zu Gesicht. Ein durchaus verständlicher Wunsch. Unglücklicherweise ist auf die Prominenz kein Verlaß; sie hält sich nicht an Stundenpläne und wandelt nicht auf vorgeschriebenen Pfaden. Dennoch gibt es einige Plätze, vor allem Restaurants, Lokale Nightclubs, wo die Wahrscheinlichkeit relativ groß ist, ein Exemplar aus der V. I. P.-Gattung in Augenschein zu nehmen. Da auch ein Star nur ein Gewohnheitstier ist wie du und ich, hat er natürlich sein Stammlokal. Oskarpreisträgerin Gwyneth Paltrow, Stardesigner Calvin Klein und Komiker Steve Martin beispielsweise teilen ihre Vorliebe für das ›Balthazar‹ (80 Spring St. / zw. Crosy St. & Broadway). Mick Jagger luncht gerne mal im ›Le Bernadin‹ (155 West 51st St.), die Hollywood-Jungstars Leonardo DiCaprio, Brad Pitt oder Jodie Foster speisen gelegentlich im ›Il Buco‹ (47 Bond St.).

Woody Allen ist ein ausgemachter Fan der Holzofenpizza von John's Pizzeria (278 Bleeker St.), genießt gerne Muscheln bei Elaine's (1703 2nd Av.) und läßt immer wieder montags in Michael's Pub (211 E., 55th St.) ein Klarinettensolo erklingen.

Des Stadtneurotikers Langzeitbegleiterin, Mia Farrow, zieht es seit dem Trennungsspektakel, das im Sommer 1992 ganz New York in Atem hielt, vor, allein zum Lunch zu gehen. Zum Beispiel in den Russian Tea Room. Dieses gepflegte In-Lokal, für welches der Herr eine Krawatte einstecken sollte, ist außerdem ein beliebter Treffpunkt für Starmodels, Quincy Jones, Nastassja Kinski und Madonna.

Kim Basinger dagegen liebt's italienisch. Sie wird mit Ehemann Alec Baldwin des öfteren im Orso (322 W., 46th. St.), einem Bistro im norditalienischen Stil, gesichtet. Auch Mariah Carey ist der mediterranen Küche sehr zugeneigt, sie pflegt ebenso wie Madonna im Cocco Pazza (23 E., 74th St.) zu speisen. Supermodel Naomi Campbell sitzt ebenso wie David Bowie oder Mick Jagger gern im Café Tabac (232 E. 9th St.). Vor allem der erste Stock, eigentlich reserviert für die Prominenz, ist ein todsicherer Tip für *celebrity watching*.

Phillipe Starcks Dekor oder die American Nouvelle Cuisine müssen es sein, die Amerikas Top-Modemann, Calvin Klein ins Restaurant 44 (44 W., 44th St.) locken.

Kleins Branchenkollege Gianfranco Ferré stillt sein Heimweh in der New Yorker Niederlassung der Mailänder In-Trattoria Bice (7 E., 54th St.).

In der Westside's romantischstem Restaurant, dem Café des Artistes, können Sie Hollywoods Vorzeigeehepaar Paul Newman und Joanne Woodward flirten sehen.

Stevie Wonder schwärmt offenbar für Carot Cake, denn er ist Stammkunde bei Carot Top Pastries (5025 Broadway), wo es den besten Karottenkuchen New Yorks geben soll.

Man nehme Bruce Willis, Arnold Schwarzenegger

und Sylvester Stallone als Besitzer, lasse den Originaldesigner des Batman-Streifens das Innere des Lokals gestalten und gebe diesem den vielversprechenden Namen Planet Hollywood (140 W., 57th St.). Solch ein Rezept muß einfach aufgehen, erst recht, wenn Apfelstrudel nach dem Originalrezept von Mamma Schwarzenegger gekostet werden kann. Der Erfolg war so durchschlagend (es muß am Apfelstrudel liegen), daß Planet Hollywood inzwischen den Sprung nach London gewagt hat und weitere Niederlassung weltweit – auch in Deutschland – geplant sind. Ein echter Fan des New Yorker Hauptlokals ist Präsidententochter Chelsea Clinton.

Auch Robert de Niro schuf sich sein eigenes Stammlokal: den TriBeCa Grill (375 Greenwich Av.), den Steven Spielberg gern besucht. Dem Hollywoodstar scheint die Rolle des Lokalbesitzers ebensogut zu gefallen wie die des Vorzeigemafioso, denn er hat inzwischen bereits sein zweites Lokal eröffnet: Da Nobu. (TriBeCa). Mit einem Ambiente, das einem Set von David Lynch gleicht, und Delikatessen wie Haifischsenf und Seeigeleiern allerdings eher ein Ort für den experimentierfreudigen Gaumen.

Mit einem bißchen Glück können Sie zu Hause prahlen, das deutsche Top-Model Claudia Schiffer gesehen oder zumindest an einem ihrer Tische gegessen zu haben. Hamburger und Pommes gibt es seit April 1995 im Fashion Café im Rockefeller Center. Motto: Mode und Magen. Bleibt den drei Model-Besitzerinnen, Claudia Schiffer, Naomi Campbell und Elle Mcpherson nur zu wünschen, daß die Gäste nicht ganz so auf ihre schlanke Linie bedacht sind wie sie selbst – die drei Schönheiten bestellen gewöhnlich einen Hamburger zu dritt.

Will es mit der großen Prominenz nicht so ganz klappen, habe ich noch einige »kleinere« Berühmtheiten für Sie:

Wie wäre es zum Beispiel mit einer ehemaligen Miss-Subway-Schönheitskönigin? Ellen, die Besitzerin von Ellen's Café (270 Broadway) hat sich diesen bedeutenden Titel verdient und veranstaltet alljährliche Miss-Subway-Königinnen-Treffen in ihrem Café.

Schulter an Schulter mit hochrangigen UN-Vertretern können Sie im Delegates' Dining Room (United Nations, First Av., 46th St.) speisen. Zuvor empfiehlt sich allerdings ein genaues Studium der UN-V.I.P.s, sonst kommen Sie womöglich mit dem Vertreter Großbritanniens im UN-Sicherheitsrat ins Plaudern, und wissen es nicht einmal.

Sollte auch daraus nichts geworden sein, bleibt immer noch die Möglichkeit eines Schwätzchens mit einem waschechten Police-Officer bei seinem Feierabenddrink in der Cop-Stammkneipe Walkers (16 N., Moore St.).

Wer wohnt wo?

Viele Stars und Sternchen essen nicht nur gerne im Big Apple, sondern haben dort auch ihre Zelte aufgeschlagen. Arthur Miller etwa wohnt 215 East 68th Street, Bill Cosby 18 East 71st Street, Richard Gere 26 East 10th Street, Isabella Rossellini 260 West Broadway, Kathleen Turner 38 West 10th Street, Nastassja Kinski 11 West 81st Street, Tom Cruise 14 East 4th Street, Al Pacino 301 West 57th Street. Ansonsten gilt die Devise: Verläßt eine Gestalt mit dunkler Sonnenbrille schnellen Schrittes einen Hauseingang – aufgepaßt! Es könnte sich dabei um einen Promi handeln...

Beim Einkaufen bleiben keine Wünsche offen

Früher oder später erwischt er auch Sie, der New York Shopping-Virus. Der Krankheitsverlauf sieht gewöhnlich folgendermaßen aus: In den ersten Tagen werden Sie das überwältigende Konsumangebot aus der Ferne skeptisch, ja beinahe etwas angewidert betrachten. Dann werden Sie anfangen, die Preise mit denen zu Hause zu vergleichen, und spätestens, wenn Sie im Geiste die Geburtstage aller Freunde aufreihen und eine imaginäre Geschenkliste aufstellen, hat Sie Shopping-Fieber überfallen. Jetzt heißt es, die Krankheit – und vor allem die Ausgaben – in Grenzen halten.

Ein richtig ausgiebiger Einkaufsbummel durch New York würde ein paar Jahre dauern. Da der Großteil von Ihnen einen derart ausgedehnten Aufenthalt höchstwahrscheinlich nicht eingeplant hat, schränke ich mich mit den Einkaufstips etwas ein. Ganz oben auf Ihrer Wunschliste werden die berühmten Warenhäuser Bloomingdale's, Macy's, Sak's und Bergdorf Goodman stehen, verewigt in unzähligen Filmen. Macy's (34th St., 6th Av.) ist mit einer halben Million Verkaufsartikel zwar der größte Department Store der Welt, aber bei weitem nicht der aufregendste. Durchschnittsangebot für Durchschnittskäufer. In letzter Zeit werden um Macy's Gerüchte über Finanzprobleme immer lauter. Wohl auch, weil die jungen New Yorkerinnen nicht mehr in den Läden ihrer Mütter einkaufen, sondern neue *trendy stores* für sich entdecken. Wie zum Beispiel Barney's (660 Madison Av.), ein 100-Millionen-Dollar-Fashion-Tempel mit Designermode aus aller Welt, arrangiert wie Kunstwerke, einem Fitneßstudio mit Boxring und uniformiertem Begrüßungspersonal.

Bei Bloomingdale's (3rd Av., 59th St.) lauert die Gefahr in der Parfümabteilung. Die eifrigen Verkäuferinnen lassen kaum eine Möglichkeit aus, die Vorbeigehenden in eine Duftwolke zu hüllen. Neben den Designer-Artikeln locken den Käufer vor allem die einfallsreichen Promotionsaktionen ins Kaufhaus. Dabei gibt es nämlich nicht nur was zu sehen, sondern oft auch etwas umsonst.

Sak's (5th Av., 49th St.) ist der Mittelklassewagen unter den Kaufhäusern, solide und qualitativ hochwertig. Das exklusivste Department Store Shopping-Gefühl vermittelt Bergdorf Goodman (5th Av., 57th St.). Im Schein kristallener Kerzenleuchter genießt dort auch die Industriellengattin das Shopping.

Und hat die Dame mal wenig Lust auf einen Einkaufsbummel, möchte gleichwohl auf die neueste Parfümkreation nicht verzichten, greift sie auf den *personal shopper* zurück, einen Service, den alle vier Warenhäuser anbieten: Anruf genügt, und die Einkäufe werden direkt ins Haus gebracht.

New York ist ein Konsumparadies; von den supereleganten und teuren Läden der Eastside bis zu den Schnäppchenplätzen in Lower Manhattan gibt es alles verhältnismäßig preisgünstig. Da sich Geschäft an Geschäft reiht, wird das Einkaufen nicht zum Suchspiel.

Die Top-Läden und Boutiquen werden Sie auch allein finden, daher begnüge ich mich mit einigen Tips für spezielle Ziel- und Interessengruppen:

Only Hearts (386 Columbus Av.) sei dem hoffnungslosen Romantiker herzlichst empfohlen: vom Waffeleisen bis zur Fliegenklatsche, alles nur in Herzform. Der konsequente Naturfan dagegen wird an der Industrial Plastic Supply Co. (309 Canal St.) nicht unbedingt seine Freude haben: Plastik in allen Farben und Verarbeitungsvariationen.

Haben Sie schon immer eine vornehme Tischdecke, lang wie ein Straßenkreuzer, gesucht oder Bettlaken aus allerfeinster Seidenbaumwolle? D. Porthault (69th St.) hilft weiter, und Sie befinden sich in allerfeinster Gesellschaft; auch Queen Elisabeth II. bettete ihr königliches Haupt schon auf Porthault-Laken. Die Ausstattung ihrer Badezimmer kauft die Prominenz bei Sherle Wagner International (60 E., 57th St.).

Und da wir gerade bei den besonderen Anlässen sind, New York beherbergt der Welt größten Laden für Brautmoden. Bei Kleinfeld's (8202 5th Av.) gibt es über 1000 Modelle für den schönsten Tag. Und sollte dem Bräutigam ein Knopf an der Hochzeitshose fehlen, nichts wie hin zu Tender Buttons (62nd St.) unter Zehntausenden von Knöpfen wird sich mit Sicherheit der richtige finden. Nicht unbedingt das passende, aber bestimmt ein originelles Hochzeitsgeschenk werden Sie bei Maxilla und Mandible (82nd St.) entdecken: Skelette und Knochen von Menschen, Tieren und Vögeln in riesiger Auswahl.

Haben Sie sich reichlich mit Einkäufen aller Art eingedeckt und wollen nicht riskieren, daß die wertvolle

Beute vom unverhofften Regenguß beschädigt wird, hilft eine Einkehr in Uncle Sam's Umbrella Shop: Regenschirme in allen Größen, Formen, Farben, Materialien – seit mehr als 120 Jahren schützt das Fachgeschäft die New Yorker Köpfe vor dem nassen Element. Immer wieder gern erwähnt der Besitzer stolz den Höhepunkt in seinem Regenschirm-Verkaufsleben: jenen Tag, an dem sämtliche Regenschirme für das Musical »My Fair Lady« bei ihm in Auftrag gegeben wurden.

Jazzfans werden bei Nostalgia and All That Jazz (217 Thompson St.) in helles Entzücken ausbrechen über ein atemberaubendes Angebot alter Jazzscheiben, außerdem Radio- und Filmmusikaufnahmen von Anno dazumal.

Wesentlich heißer geht es bei Firefighter's Friend (Lafayette St.) zu, angeboten wird alles rund um den Feuerwehrmann. Den Nonsens auf die Spitze treibt Hammacher Schlemmer (147 E., 57th St.); vom solarbeheizten, mit Bier gefüllten Sitzkissen bis zum elektronischen Heimkasino reicht die Angebotspalette.

Während der Unsinn bei Hammacher Schlemmer noch in gewöhnlichen Proportionen zu besichtigen ist, kommt er bei Think Big (390 W., Broadway) ganz groß raus; Zahnbürste, Sonnenbrille, Schuhlöffel in Übergröße. So muß sich ein Kleinkind in der Erwachsenenwelt fühlen.

Apropos Kind. Den kleinen New York-Besuchern wird ein Aufenthalt bei F. A. O. Schwarz (767 5th. Av., 59th St.) unvergeßlich bleiben: Auf zwei Etagen Teddybären im Riesen-, Ferraris im Kleinformat. Puppenmütter können sich im Dollhouse Antics (1343 Madison Av.) vergnügen. Was zu den Annehmlichkeiten eines

Puppenlebens gehört, findet sich hier in Miniaturgröße. Und stehen die Kleinen mehr auf Action Movies als auf Teddy, Barbie und ihrem Haushalt, dann wird ein Besuch im Warner Brothers Studio Store (1 E., 57th St.) zum Erlebnis.

Hollywood inspired shopping: Über 3000 Souvenirs zu Filmen aus der Warner Brothers Produktion. Um die Kauflust so richtig anzuspornen und für den Fall, daß man vergessen hat, welches Souvenir zu welchem Film gehört, flimmern über die Bildschirme im Kaufhaus die alten Streifen.

Und ist Ihr Junior noch immer nicht beeindruckt, schaffen es bestimmt Schoepfer Studios (138 W., 31st. St.). Armadillos, Zebras und sogar Krokodile sind dort käuflich zu erwerben. Sie haben gar keine Kinder? Werfen Sie trotzdem einen Blick in den Books of Wonder Store (132 Seventh Av.), die Welt der Magie, der Fabelwesen, der Feen und Märchenprinzen wird das Kind in Ihnen wecken. Womit wir unauffällig zu den Buchläden übergeleitet hätten.

Da gibt es die großen »Gemischtwaren-Bookstores«, doch viel interessanter sind die kleinen Spezialläden, die sich auf die seltsamsten Themenbereiche spezialisiert haben. Wie zum Beispiel Military Bookman (93rd St.). Über Streitkräfte oder Waffentechnik auch nur ein Buch zu schreiben, mag für den Pazifisten schon zuviel sein, bei Bookman ist der ganze Laden voll schwerer Geschütze.

Nicht sehr viel friedlicher geht es bei Murder Inc. (2486 Broadway) zu, Sherlock Holmes und Co. sind hier zu Hause. Bei Revolution Books (13 E., 17th St.) kann man sich das notwendige geistige Rüstzeug sowie die praktische Anleitung für einen politischen Umsturz holen, Kitchen, Arts & Letters (1435 Lexington Av.) weiß für Überraschungen in der Küche Rat. Der Oscar Wilde Memorial Bookshop (15 Christopher St.) hat sich auf Bücher über die Probleme Schwuler und Lesbierinnen spezialisiert, im Biography Bookstore (400 Bleecker St.) finden sich, wie der Name unschwer zu erkennen gibt, Biografien.

Vom Bücher in den Computer-Himmel: CompUSA (420 5th Av., 38th St.) der ultimative Aufenthaltsort für den Technofreak: Auf zwei Etagen und einer Verkaufsfläche von über 2500 Quadratmetern offeriert, seit Mitte 1994, Amerikas größter Computerladen das gesamte Programm der internationalen Marken – oft zu günstigeren Preisen als bei uns. Sie spielen mit den Gedanken, sich in New York mit aller verfügbaren Technik auszurüsten? Lohnt sich aber nur, wenn Sie den Computer wie ein rohes Ei behandeln, denn der Garantieanspruch gilt nicht im Ausland!

Vorsicht auch vor »Nepper-Schlepper-Bauernfänger-Tricks«: Bietet man Ihnen einen mit 2000 Dollar ausgezeichneten LapTop für 1500 Dollar an, bedeutet das nicht unbedingt, daß Sie gerade den Deal Ihres Lebens gemacht haben. Der Computer hat möglicherweise vor ein paar Tagen noch 1200 Dollar gekostet. Ebensowenig sollten Sie sich von dem Hinweis *going out of business* täuschen lassen. Ich kenne einige Läden in New York, die schon seit Jahren ihre Geschäftsaufgabe ankündigen. Die Final Sales können ebenfalls eine jahrelange Veranstaltung sein.

Schnäppchenzeit in den großen Kaufhäusern ist der Zeitraum vor den großen amerikanischen Feiertagen wie George Washington's Birthday oder Labour Day. Viele Artikel sind dann 30 bis 50 Prozent billiger. Preisnachlässe gibt es außerdem mit den Dollar-Off-Vouchers. Ausgerüstet mit diesem Bündel von Gutscheinen, erhältlich im Tourist Office und in fast jeder Hotellobby, können Sie vom Endpreis im jeweiligen Geschäft zehn Prozent abziehen. Ungeklärt bleibt die Frage, ob diese Prozente von pfiffigen Ladeninhabern nicht vorher aufgeschlagen wurden.

Umtauschaktionen sind in vielen New Yorker Läden eine Selbstverständlichkeit, nach mehreren Tagen noch bekommt man anstandslos sein Geld zurück. Ein Umstand, der eine schwer zu widerstehende Versuchung in sich birgt: heute kaufen, morgen tragen, übermorgen zurückbringen. Funktioniert natürlich nur, wenn man der Abendrobe nicht ansieht, daß sie ein rauschendes Fest hinter sich hat.

Bevor Sie das Kleid umtauschen können, müssen Sie es selbstverständlich bezahlt haben. *Charge or cash* lautet hier die Frage, Kreditkarte oder bar. Mit der Karte fährt man eindeutig besser, legt man seine gesamte Barschaft auf den Tisch, erntet man nicht selten einen mißtrauischen Blick.

Entlang der Canal und der Orchard Street blüht der Handel mit imitierten Statussymbolen. Daß eine Rolex für 20 Dollar nicht aus reinem Gold sein kann, wird sich auch der Laie gut vorstellen können, schwieriger wird das Auseinanderhalten bei gut gemachten, teuren Imitationen. Es gilt die Devise: Erst prüfen, dann kaufen. Die Gucci-Tasche für eine Handvoll Dollar, das echt unechte Lacoste-Krokodil – Imitationen berühmter Markenartikel gehören zum US-Geschäftsleben und werden nicht nur von Straßenhändlern, sondern auch ganz offensichtlich in Läden angeboten. Wenn also Ihre in New York erstandene goldene Rolex von Wasserkontakt zu Wasserkontakt an Goldschimmer abnimmt, kann irgend etwas nicht stimmen...

Sie wollen sich mal wieder mit einem Diamantring verwöhnen oder die Gattin zum Hochzeitstag mit einem Collier überraschen? *The girls best friends* sind im Diamond District (47th St. zwischen 5th und 6th Av.) versammelt. Doch lassen Sie Ihr Urteilsvermögen nicht vom Funkeln hinter den handtuchbreiten Ladentheken trüben: Nur an Diamanten mit dem Zertifikat des Gemmological Institute of Amerika werden Sie Ihre ungetrübte Freude haben, das Gutachten eines »unabhängigen Prüfers« ist meist soviel wert wie das Papier, worauf es steht.

Sie haben Ihren Konsumwünschen die Zügel schießen lassen, und angesichts des Elends auf den Straßen meldet sich das schlechte Gewissen? Einkaufen und Gutes tun, auch das geht in New York: im Salvation Army Thrift Store (220 E., 23th St.), einem Second-Hand-Laden, der zugunsten der Heilsarmee bedruckte T-Shirts und Polstermöbel verkauft, oder im Out of the closet Thrift Shop (220 E., 81th St.), dessen Einnahmen AIDS-Stiftungen zugute kommen.

Zwischendurch ein kurzer Hinweis für die Kunden von Cartier, Carran und Co. und solche, die es werden wollen: Die New Yorker lieben's lässig. In keinem noch so teuren Laden wird man Sie kritischen Blickes von oben bis unten mißbilligend mustern, wenn Sie in *casual wear* zum Einkaufen gehen: Kurze Hose oder Jeans sind kein Hindernis.

Apropos Jeans: Im Heimatland der legendären Blue Jeans darf natürlich der Heimatladen der Levi's nicht fehlen. Original Levi's (750 Lexington Av. zwischen 59th und 60th St.) Denim-Jacken, T-Shirts, Accessoires und natürlich die begehrte blaue Hose in allen Größen und Farben. Bei Levi's gehört auch das leidige Problem der richtigen Paßform der Vergangenheit an. Gegen ein paar Dollar Aufpreis kann man sich seine Jeans buchstäblich auf den Leib schneidern lassen. Per Computer wird die optimale Paßform für jede Figur gefunden! Sie stehen zwar auf Jeans, ziehen aber andere Marken vor (und haben keine Probleme mit dem richtigen Sitz unter der Gürtellinie): Lee, Wrangler und die anderen populären Blue Jeans gibt es bei Canal Jeans (504 Broadway), dem Jeansladen mit der größten Auswahl.

An dieser Stelle gilt es, mit einem alten Vorurteil aufzuräumen: Amerikanische Mode beschränkt sich nicht ausschließlich auf Blue Jeans, Baseballmützen und »I love New York«-T-Shirts. Calvin Klein, Donna Karan, Ralph Lauren oder Liz Claiborne sind Designer, die auch in europäischen Haute Couture-Kreisen geschätzt sind.

Da der modebewußte Europäer jedoch vermutlich Markenmodelle »Made in Italy« oder »Made in France« vorzieht, der Prozentsatz derer, die nach New York reisen, um sich mit US-Designer-Fashion einzudecken mithin verschwindend gering sein dürfte, kehren wir wieder zu den Bereichen zurück, in denen die USA konkurrenzlos sind: So beispielsweise zur einzigartigen Möglichkeit, sich von Kopf bis Fuß in Coca-Cola zu kleiden. In Coca Cola Fifth Avenue gibt es keinen Artikel ohne den Markennamen des Soft-Drinks.

Einen »todsicheren« Tip für Antiquitätenjäger muß ich unbedingt noch loswerden: Die Apartmenthäuser reicher Herrschaften sind voller antiquitarischer Kostbarkeiten, und der Weg alles Irdischen bleibt auch den Wohlhabenden nicht erspart. Deren Hausstand wird meist von Händlern unter die Leute gebracht, angekündigt wird der Ausverkauf (*tag sale*) in Zeitungen unter der Rubrik »Classified«. Je eher Sie bei der angegebenen Adresse erscheinen, desto größer sind ihre Chancen auf reiche Antiquitätenausbeute.

In den Shopping-Streifzug durch New York sollte man außerdem – selbst als Kunstbanause – die Museen einschließen. Vorbei die Zeiten, als den Verkaufsständen in den Kulturtempeln Poster, Prospekte und Bildbände vorbehalten waren, heute gibt es Van Gogh auf der Zahnbürste und Roy Lichtenstein auf Salz- und Pfefferstreuern. Geschenke aller Art findet man beispielsweise in den beiden Design-Stores des Museum of Modern Art, im Metropolitan Museum of Art, das auf zwei Etagen voller Souvenirs steckt – es gibt auch einen Katalog, falls Ihnen das Angebot zu groß ist – und im Museum of American Folk Art. Doch auch die anderen New Yorker Museen sind nicht ohne!

Bevor Sie aber Ihren Einkaufsbummel durch New York starten, sollten Sie unbedingt herausfinden, ob die Sterne für eine Schnäppchenjagd günstig stehen: Im Astrology Center (545 8th Av.) können Sie sich Ihr persönliches Horoskop per Computer ausdrucken lassen. Ist der Einkauf astrologisch abgesegnet, verdient noch der Zustand Ihrer Füße kurze Bedenkzeit. Empfindliche Fußgänger kommen mit Roller Blades (Blades West, 248 Columbus Av.) wesentlich schneller und garantiert ohne Blasen – es sei denn die Rollschuhe sitzen zu eng – von Geschäft zu Geschäft.

Eine letzte Anmerkung unter der Rubrik: »Es gibt nichts, was man in dieser verrückten Stadt nicht kaufen könnte«: Sie haben ein schickes neues Kostüm gekauft, die entsprechenden Schuhe gefunden und müssen vor dem Spiegel im Hotelzimmer erschreckt feststellen: Es ist Ihre Nase, die nicht mehr zu dem neuen Outfit paßt. Kaufen Sie sich doch einfach eine neue! Schönheitsoperationen sind in Amerika an der Tagesordnung, Kliniken finden sich beinahe an jeder Straßenecke.

Beim genauen Hinsehen werden Ihnen auf New Yorks Straßen des öfteren Damen mit Verband um Nase, Kinn, Hals oder Augenlid auffallen. Die Ladies sind nicht etwa in eine Schlägerei geraten, sondern waren lediglich beim »Schönheits-Shopping«.

Der schönheitsbewußte Herr gehört zwar zum plastisch-chirurgischen Spätzünder, hat aber inzwischen kräftig aufgeholt. Er begann mit vorsichtigem Griff ins Cremetöpfchen seiner Allerliebsten, ließ sich Antifaltengel zum Geburtstag schenken und wagt sich mittlerweile ganz mutig unters Skalpell. Kopf voran: Mann trägt nicht mehr Glatze, Mann leistet sich eine Haartransplantation.

Manhattan – Der Nabel Amerikas

Manhattan ist klein – 21,5 Kilometer lang und gerade mal 3,7 Kilometer breit, am engsten Punkt reduziert es sich gar auf mickrige 1,3 Kilometer –, aber fein: Vollgepackt mit weltberühmten Sehnswürdigkeiten von Lady Liberty bis zum Empire State Building und legendären *neighbourhoods* wie Greenwich Village, SoHo, Harlem, Chinatown oder Little Italy.

Von den 7,3 Millionen Menschen aus allen Teilen der Welt, die in New York heimisch geworden sind, leben 1,6 Millionen in Manhattan, die übrigen in Brooklyn, Bronx, Queens und Staten Island.

Auf diesem winzigen Stück Land, eingepfercht zwischen zwei Flüssen – Hudson River und East River –, ruhen alle mit New York verbundenen Klischeevorstellungen: Wolkenkratzerdschungel, Glitzerwelt, Konsumoase – und Manhattan erfüllt anstandslos jede einzelne von ihnen.

Lower Manhattan – Sprungbrett für Wagemutige

Lower Manhattan, die markante Südspitze von New York, durchlebt tagtäglich drei Wellenbewegungen.

Die erste Sturmwelle setzt morgens um acht Uhr ein,

wenn Tausende von *white collars* und *workoholics* in ihre Büroburgen eilen. Zur Mittagszeit wird es wieder eng in den Straßenschluchten Lower Manhattans, Imbißbuden, Restaurants und Parks haben Hochkonjunktur.

Die letzte Massenbewegung ist gegen fünf Uhr nach Büroschluß zu beobachten: Aus den gläsernen Türmen gen Heimat, heißt die Devise. Im ältesten Teil New Yorks, wo sich einst die niederländischen Siedler niedergelassen hatten, regiert heute das Geld. Lower Manhattan ist vor allem Wall Street, wo 1792 die erste Börse das Licht der Finanzwelt erblickte. Das war der Auftakt zum Aktienspiel ohne Grenzen. Die New Yorker Akteure beherrschen offenbar die Spielregeln, denn es währte nicht lange, und New York wurde zum größten Finanzzentrum der Welt. Sind Sie gerade knapp bei Kasse, könnten Ihnen 340 Banken hilfreich zur Seite stehen – übervölkert am Tag, geisterhaft leer am Abend.

Auch wenn Sie keine finanziellen Transaktionen vorhaben, sollten Sie sich die Schalterhallen der Banken ansehen, Understatement hat hier keinen Stellenwert: Säulenhallen, Goldmosaike, Palmengärten. Kunstobjekte stehen sogar vor den Schalterhallen, Tauschobjekte eines Kuhhandels: Glaspalast plus Kunstobjekt gegen altes Haus, das dem Bau im Wege steht.

Einen genauen Blick auf die Fingerübungen, die die Weltwirtschaft bewegen, können Sie von der Besuchergalerie der Stock Exchange (Broad Street, Wall Street) werfen.

In der Brutstätte von Erfolg und Karriere ist die Blickrichtung vertikal: Das letzte Ziel für Tausende von Brokern, Bankern und Bürohengsten ist das oberste Stockwerk der Wolkenkratzer. Unglücklicherweise verfügt der *executive suite room* nur über eine Handvoll Polstersessel...

Wozu lange warten, wenn man doch per Aufzug in Sekundenschnelle im obersten Stockwerk ankommt: Etwas Höhenluft können Sie – allerdings ohne Polstersessel und entsprechendes Gehalt – in der 107. Etage des World Trade Centers schnuppern. Zwar mußten die beiden Türme den Titel »höchstes Gebäude der Welt« wieder abgeben, dafür wird ihnen den Superlativ »beste Aussicht der Welt« so schnell niemand streitig machen. Im Februar 1993 wurde das WTC im wahrsten Sinne in seinen Grundfesten erschüttert: In der Parkgarage explodierte eine Bombe, sechs Menschen wurden getötet, viele verletzt, große Teile des Gebäudes schwer beschädigt, aber es hielt stand.

Hafenidylle im Schatten der Hochfinanz: Southstreet Seaport. Rund um die ehemalige Pier 17 hat sich New Yorks Fisherman's Wharf gebildet. Fischmarkt, Souvenirläden, Boutiquen, eine Möwenschar, die auf Hot Dog-Krümel lauert, eine breite kulinarische Angebotspalette für die Lunchtime-Pause und in der warmen Jahreszeit vor allem ungemein bequeme Liegestühle auf dem Oberdeck, für eine luftige halbe Stunde. Wen weniger die Spezialitäten aus dem Meer, als vielmehr die Geschichte des Seaports interessiert, der kann seinen Wissensdurst im Museum stillen: Fotos und alte Unterlagen erzählen von den Segelschiff-Zeiten, als Seaport noch einer der größten Häfen der Welt war.

Eine kühle Brise können Sie sich auch im Battery Park um die lärmgeschädigten Ohren wehen lassen, dort, wo alles begann. Dieses damals noch von Indianern bewohnte Stück Amerika sichtete 1524 der italienische

Kaufmann Giovanni da Varrazano, der im Dienst des französischen Königs unterwegs war. Sein Kollege, der Engländer Henry Hudson, angestellt bei der Dutch East India Company, segelte 1909 den Fluß aufwärts, der heute seinen Namen trägt. Erst 1624 stabilisierte sich die erste europäische oder vielmehr niederländische Siedlung.

1626 erwarben die Niederlande die Insel von den Man-a-hat-a-Indianern. Sie haben's wahrscheinlich vermutet: Jegliche Ähnlichkeit mit dem heutigen Namen »Manhattan« ist natürlich nicht rein zufällig! Die Engländer schnappten sich Nieuw Amsterdam – wie die Niederländer New York nannten – im Jahre 1664. Zu Ehren des Duke of York, des Bruders von König Charles II. nannten sie ihre Beute New York.

Ein gutes Jahrhundert lang blieb die Insel unter englischer Herrschaft, bis 1783 die Revolution der Fremdbestimmung ein Ende machte. Zwei Jahre später wurde New York die erste Hauptstadt der unabhängigen United States of America. Später war der Battery Park das erste Fleckchen amerikanischen Bodens, auf das die Immigranten ihren Fuß setzten. Der Rest ist Geschichte.

Seinen kriegerischen Namen erhielt der Park von den ersten Siedlern, die das Ufer mit Kanonen bestückten, um sich vor aufdringlichen Besuchern zu schützen. Die Festung im Park nennt sich Castel Clinton – diesmal ist die Ähnlichkeit mit noch lebenden Personen rein zufällig – und war im 19. Jahrhundert Sitz der Einwanderungsbehörden. Von diesem kleinen »Willkommenspark«, der Manhattan mit dem Ozean verbindet, starten auch die Fähren nach Liberty Island, Ellis Island und Staten Island.

Die ruhigen, erholsamen Tage des Battery Park sind allerdings gezählt, er ist ins Visier der Stadtplaner geraten: Über vier Billionen Dollar werden in »Battery Park City« investiert, ein ehrgeiziges Projekt, das am westlichen Ende des Financial District einen kombinierten Geschäfts-, Büro- und Wohnkomplex (Wohnraum für 25000 Menschen) schaffen soll. Im Mittelpunkt der Battery Park City steht ein futuristischer Geldpalast, das World Financial Center. Die Attraktion des 1,5 Billionen Dollar teuren 33 bis 50 Stockwerke hohen Projektes ist der gläserne Wintergarten mit 16 aus Hawaii importierten und in dieser Größe in der Stadt einmaligen Palmen.

Überkommt die Banker ein Hungergefühl, können sie zwischen mehreren Restaurants – eines davon, passend zu den Palmen sogar mit Mandarin-Küche –, Bistros und Cafés wählen. Nicht einmal die Kunst kommt zu kurz: In schöner Regelmäßigkeit stehen musikalische Veranstaltungen, Tanz- oder Theatervorführungen auf dem Programm. Eigentlich gibt es überhaupt keinen Grund mehr, den World Financial Tempel zu verlassen.

Es sei denn, man stürzt in eine persönliche Glaskrise, die sich am besten in einem kleinen schummrigen Dim Sum House bekämpfen läßt, oder man verspürt urplötzlich Lust auf eine richtige knusprige italienische Pizza. Wenn es Ihnen auch so geht, dann lassen wir jetzt das große Geld hinter uns und wenden uns den bescheideneren Vergnügen des Lebens zu, zum Beispiel einem Ausflug nach Little Italy.

Kommt Ihnen Little Italy irgendwie bekannt vor? Haben Sie bestimmte Ecken und Häuser schon einmal gesehen? Damit sind Sie als Krimifan entlarvt, denn Teile der »Pate«-Saga, das gewaltigen Mafiaepos von Mario Puzo, wurden in und um Mulberry, Spring und Canal Street gedreht.

Zwischen 1880 und 1924 verließen die meisten Italiener, vor allem Süditaliener das Land, in dem unanfechtbar die Zitronen, aber nicht die Wirtschaft blühte, und machten sich auf in die Neue Welt. Einst waren es über 145 000, heute sind in Little Italy gerade mal ein paar tausend geblieben. Im Gegensatz zu den anderen ethnischen Neighbourhoods hat Little Italy viele seiner Traditionen leider auf dem Altar der Integration geopfert; mit dem Italien von heute hat die New Yorker Enklave nicht mehr viel gemein.

Die Salami hat zwar noch das gewohnt würzige Aroma, der Espresso ist klein, stark und schwarz geblieben, doch liegt unverkennbar ein Hauch von Desinteresse in der Luft.

Eine fatalistische Einstellung, wenn nicht gar Apathie macht sich in vielen Lokalen bemerkbar; der Name ist italienisch, der Koch spanisch. Eine Haltung, die sich buchstäblich ablesen läßt; der Renner unter den bedruckten T-Shirts ist die Aufschrift *me ne frego*, etwa »mir doch egal«.

Selbst die Mafia kommt nur noch zum Abwickeln ihrer Geschäfte nach Little Italy. Die Bosse von heute wohnen in prächtigen Villen in New Jersey, fordern die

Schutzgelder ein und sind zum Barbecue im Garten wieder daheim in New Yersey.

Dennoch haben und hatten die Italiener großen Einfluß in New York. Das Symbol für einen politischen Aufstieg wurde Fiorello La Guardia, der sogar zum Bürgermeister gewählt wurde. Mario Cuomo schaffte ebenfalls den Sprung in den weichen Regierungssessel, und der Name des gegenwärtigen Stadtoberhaupts des Big Apple, Rudolph Giuliano, gibt keine großen Rätsel bezüglich der Herkunft seines Trägers auf. Das größte Handikap für eine italienische Traumkarriere bis an die Spitze ist die Nationalität: Hinter jedem Italiener wird erst einmal eine Sizilien-Connection vermutet – nicht selten ganz zu Unrecht...

Da wir schon beim Thema sind: In Umberto's Clam House (Mulberry St. 129), wurde 1972 ein berühmter Gangster beim Fischessen erschossen.

Little Italy trägt seinen Namen zu Recht und wird zunehmend kleiner. Die Chinesen strecken ihre Fühler mehr und mehr in seine Richtung aus, in zu unmittelbarer Reichweite liegt das Objekt der Begierde chinesischer Grundstücksspekulanten.

Man überquert lediglich die Canal Street und schon hat man Europa verlassen und ist in Asien angekommen. Chinesische Restaurants, chinesische Schrift, ja sogar chinesische Telefonzellen – das muß Chinatown sein. Während Little Italy schrumpft, wächst Chinatown explosionsartig an. Von den 178 ethnischen Gruppen, die in New York leben, stehen die Chinesen an zehnter Stelle.

Die Chinesen entdeckten New York relativ spät für sich. 1870 sah man höchstens hundert chinesische Gesichter auf den Straßen. Damals galt ihnen San Francisco und Kalifornien als interessanteres Einwanderungsziel, denn dort konnte man in Goldminen und am Eisenbahnbau sein Geld verdienen.

Die Chinesen leben in ihrer eigenen kleinen Welt. Über kulinarische (in über 300 Eßplätzen, Tea Parlours, Dim Sum Houses) und kommerzielle (Souvenirs, Ginseng, Fächer, gefälschte Uhren und Handtaschen) Kostproben kommt der Besucher kaum hinaus.

Wenn Sie also Vorstellungen vom verruchten Chinatown, von Opiumhöhlen, Glücksspiel und Prostitution hegen, werden Sie enttäuscht sein. Chinatown hat die höchste Beschäftigungs- und niedrigste Kriminalitätsrate, gilt als eine der sichersten Gegenden New Yorks. Verbrechen machen die Chinesen in den oberen Stockwerken unter sich aus, überwacht von den Tongs. Wie sich das Leben der Chinesen in früheren Zeiten hier abgespielt hat, davon können Sie sich im Chinatown History Museum ein genaues Bild machen.

Ein Besuch von Chinatown und Little Italy läßt sich vor allem gastronomisch sehr schmackhaft verbinden: Die Ente Kanton auf der einen, das Tiramisu zum Nachtisch auf der anderen Straßenseite.

Jetzt könnten Sie sich eigentlich mal ansehen, wie sich unsere Landsleute so anstellten. Anschauungsunterricht in Sachen Germans in New York bekommen Sie in der Eastside oder vielmehr in Yorkville. Anfangs lebten die meisten Deutschen in einem Bereich rund um Tompkins Square Park in East Village, genannt Kleindeutschland. Mit den großen Einwanderungswellen, die den ersten Stopp in der Lower Eastside machten, zog ein

Großteil der Deutschen weiter und entdeckte Yorkville in der Eastside für sich. Zuwachs bekamen sie 1904, als ein Ausflugsdampfer mit über 1000 Passagieren, vorwiegend Frauen und Kindern, aus Kleindeutschland im East River sank. Die Familienväter, die wegen ihrer Arbeit nicht am Ausflug teilgenommen hatten, ertrugen den trostlosen Anblick ihrer leeren Behausungen in Kleindeutschland nicht mehr und zogen nach Yorkville. Von der einstigen deutschen Besiedlung zeugen heute allerdings nur noch Schwarzwälderkirschtorte, Pumpernikkel, Bratwurst und Sauerkraut, sprich Bäckereien und Delikatessenläden entlang des »Sauerkraut-Boulevards«.

Am Carl-Schurz-Park, einer grünen Oase mit unverkennbar deutschem Namensgeber am East River steht Gracie Mansion, seit 1942 die offizielle Residenz des Bürgermeisters.

Die Besiedlung der Eastside begann relativ spät. Denn in den Anfangszeiten des Central Parks waren noch Dampfloks auf den Straßen unterwegs, erst mit den Elektroloks kamen die Siedler. Die guten und vor allem finanzkräftigen Familien, wie die Pulitzers, die Astors oder die Dukes, zogen Ende des 19., Anfang des 20. Jahrhunderts von Downtown hierher und setzten das Maß für die heutigen Grundstückspreise. Heute heißt die Gegend zwischen Park Avenue und Fifth Avenue nur noch »Millionaires Row« oder »Millionaires District«.

In Manhattan spielt der Geldbeutel die Hauptrolle, und nirgendwo wird dies deutlicher als hier. Man läßt den Reichtum so richtig raushängen. Luxusvillen, Nobelschlitten, superteure Shops mit allem, was es für Geld zu kaufen gibt. Neben den Reichen und Berühmten bietet die Eastside Platz für Kunst und Kommerz, selbstverständlich auch de luxe. Die Fifth Avenue, die eleganteste Geschäftsstraße, die Madison Avenue mit Kunstgalerien und Antiquitätenläden, die Park Avenue, die Wohnadresse der Oberen Zehntausend, und die Museumsmeile mit dem Metropolitan Museum of Art, dem Museum of the City of New York, dem International Center of Photography, dem Cooper-Hewitt Museum, dem Solomon R. Guggenheim Museum und dem Jewish Museum.

Nirgendwo sonst findet man von seltenen Fossilien, die die Entwicklungsgeschichte der Menschheit dokumentieren, bis hin zur Modernen Kunst alles so nah beieinander.

New York ist Weltmeister im Museumsbesitz, jede einzelne der 150 Sammlungsstätten ist eine intensive Besichtigung wert, doch sicherlich ist es nicht jedermanns Sache, die in der Regel kurze Besuchszeit des Aufenthalts in dieser Stadt ausschließlich in Kunst- und Kulturoasen zu verbringen. Es lohnt sich aber in jedem Fall, wenigstens einen Blick in das Metropolitan Museum of Art zu werfen, das den würdigen Auftakt des kulturellen Highways bildet. Das Metropolitan besitzt drei Millionen Kunstwerke, darunter Rembrandts, El Grecos, Manets, Gauguins plus einer Sammlung römischer, griechischer, ägyptischer Kunst.

Ein neuer Trend sind die Museums-within-Museums-Galleries, außergewöhnliche Kunstsammlungen im Zuge der *two in one*-Entwicklung (was dem Shampoo recht ist, kann dem Museum nur billig sein), die in weniger museenverwöhnten Städten als eigenständiger Kunsttempel gefeiert würden.

Das schönste Beispiel für die Kunst in der Kunst sind die »Nineteenth Century European Painting and Sculpture Galleries«, 21 klassisch gestaltete Räume mit Gemälden großer europäischer Meister, die im September 1993 im Metropolitan eröffnet wurden. Das Museum of Modern Art verfügt über viele Werke von Picasso und Matisse und erregt mit seinen Sammelausstellungen regelmäßig internationales Aufsehen.

Für den Besuch des nächsten »*must*-Museums« müssen Sie der Museumsmeile untreu werden; das American Museum of Natural History, das größte der Welt in seiner Art, befindet sich in der Westside (Central Park West, 79th St.); zu sehen sind unter anderem maßstabgestreue Nachbildungen von Menschen und Tieren in ihren jeweiligen Kulturkreisen. Zum 125jährigen Geburtstag des Museums im Mai 1994 wurde der langerwartete Wallace Ring eröffnet, eine 33 Millionen-Dollar-Investition, um der Fossiliensammlung ein angemessenes Zuhause zu bieten. Außerdem beherbergt das Naturhistorische Museum der Welt umfangreichste Dinosauriersammlung. Hier muß Steven Spielberg für seinen Kinohit »Jurassic Park« Nachhilfe genommen haben.

Der Museumsbesuch in den Vereinigten Staaten ist – wie so vieles – bei weitem keine so ernste Angelegenheit wie bei uns. Niemandem fällt es ein, mit feierlichem Gesichtsausdruck und in andächtigem Schweigen gemäßigten Schrittes durch die Räume zu gehen. Das Museum ist vielmehr ein Ort der Entspannung, des Vergnügens und nicht selten ein Treffpunkt – was bereits in unzähligen Filmen und Romanen vorgelebt wurde. Vor der Partnersuche per Annonce sollte man dem Museumsbesuch den Vorrang einräumen.

Die Kunst wird neuerdings immer öfter mit Kulinarischem angereichert: »Gourmet Museum Dining« nennt sich der Trend, der Pinsel und Kochlöffel zusammenführen soll. So hat das Trend-Lokal Dean & DeLuca im Guggenheim-Museum eine Niederlassung. Sarabeth's im Whitney Museum of American Art. Im Museum of Modern Art richtet das Sette MoMa Köstlichkeiten kunstvoll auf dem Teller an.

SoHo / TriBeCa – Wo die Kunstszene tobt

SoHo, das Viertel *South of Ho*uston Street, gehört zum Künstlerischsten, was New York zu bieten hat. Malerei, Skulpturen, Videokunst, Installationen, international angesehene Kunstprofis, Nachwuchsstraßenkünstler, egal, welche Kunstrichtung Ihnen vorschwebt, in SoHo finden Sie sie. Wo einst nur alte Fabriken und leere Häuser verfielen, tobt heute die Kunstszene, mehr als hundert Galerien stellen aus. Galerien, die den Spötter über den in unverhältnismäßig geringen Proportionen zum Geldbeutel stehenden Kunstverstand amerikanischer Sammler beschämt verstummen lassen.

Die Kunst in allen Ehren, soll es doch Besucher geben, bei denen die Fassade der Häuser einen größeren Aha-Effekt erweckt als das kunstgefüllte Innere. Objekte der Begeisterung sind die Feuerleitern an den Häuserfronten. Nirgendwo drängen sich die für jeden guten Krimi unerläßlichen Notausgänge so dicht wie in SoHo (vor allem Broome und Greene St.). Die dekorativen Gerüste aus Gußeisen haben eine heiße Geschichte: Als SoHo Mitte des 19. Jahrhunderts noch ein verrotteter Stadtteil mit Fabrikgebäuden, Warenlagern und den berüchtigten Sweat-Shops war, gehörten gewaltige Brände zum täglichen Leben und brachten SoHo den Spitznamen »Hell's hundred acres« ein. Die Feuerleitern sollten schützen, doch hatte man übersehen, daß Eisen in der Hitze schmilzt... Später wurden sie für den Film entdeckt, heute stehen die Häuserfassaden unter Denkmalschutz.

Doch von der Karriere der Feuerleitern zurück zur Geschichte SoHos. Als Anfang 1960 bessere Arbeitsbedingungen gesetzlich vorgeschrieben wurden, verlagerte sich die Industrie, und SoHo versank in Bedeutungslosigkeit – bis die großflächigen Fabrik- und Lagerräume von Künstlern und Avantgardisten als billiger Wohn-, Arbeits- und Ausstellungsraum entdeckt und genutzt wurden. Lofts, Studios und Galerien sprossen wie Pilze aus dem Boden, und SoHo avancierte zum In-Platz. Damit setzte der übliche Kreislauf ein. Die Mieten stiegen, die künstlerisch begnadeten, aber finanziell nicht flüssigen Entdecker des Viertels mußten zahlungskräftigen Mietern weichen; die Künstler wurden vertrieben, die Kunst ist geblieben.

Und welche der vielen Galerien soll man nun besichtigen, werden Sie sich jetzt fragen. Zu den zwei *musts* der SoHo Gallery-Szene gehören unbedingt die Leo Castelli Gallery (420 West Broadway), die schon die Werke Roy Lichtensteins und Andy Warhols auf den Karriereweg brachte, und die Mary Boone Gallery (417 West Broadway) mit einem feinen Gespür für Trends. Die SoHo Photo Gallery (15 White St.) ist Amerikas größte und älteste Galerie für Fotoarbeiten; Neonkunstwerke aller Art sind in Let there be Neon (38 White St.) ausgestellt.

Eher solide, bodenständige Kunst als ausgeflippte und avantgardistische Werke sammelt Jan Weiss in seiner Galerie (68 Laight St.), nicht umsonst war Weiss Anlageberater, bevor er zum Kunstliebhaber wurde.

Wer das Außergewöhnliche liebt, darf das Castillo Cultural Center (500 Greenwich St.) nicht auslassen: In dem Tempel der kulturellen Verrücktheiten mit Galerie, Bühne, Foto- und Videostudio werden mitunter im wahrsten Sinne des Wortes haarsträubende Vorstellungen geboten: dreidimensionale Kopfverfremdungen.

Für den Kunstfreak, der nicht das Risiko eingehen will, einen Höhepunkt zu übersehen, gibt es die Guided Tours of Art Galleries (Art Tours of Manhattan). Ihr persönlicher Kunstprofi führt Sie durch den Galeriendschungel. Der Spaß kostet allerdings um die 40 Dollar. Geld, das Sie wagemutig auch in das Werk eines unbekannten Künstlers in irgendeiner Galerie anlegen könnten. Nirgendwo sonst ist die Chance so groß, daß der namenlose Künstler einen kometenhaften Aufstieg am Künstlerhimmel hinlegt und Sie sich mit seinem Werk Ihren nächsten New York-Besuch finanzieren können...

Die brotlosen, von Grundstücksspekulanten und Miethaien aus SoHo vertriebenen Künstler flohen nach TriBeCa, dem *Tri*angle *Be*low *Ca*nal Street. Dort, einst Hochburg des Geflügelhandels, fanden sie, wie einst in SoHo, leere Fabrikgebäude und Warenlager, geeignet für weitläufige Lofts und Ateliers. Die Glanzzeit erlebte TriBeCa dank seiner Nähe zum Hafen in den dreißiger Jahren. An den Docks 2, 3, 7, 9, genannt »Banana Docks«, legten die Schiffe der United Fruit Company, vollbeladen mit tropischen Früchten, an, der Quadratmeterpreis lieferte sich ein Kopf-an-Kopf-Rennen mit dem in der Wall Street. Wo einst mit Lebensmitteln gehandelt wurde, vergnügen sich heute nur noch die Ratten.

Seit kurzem interessieren sich auch finanzkräftige Investoren für TriBeCa. Den Anfang machte Hollywoodstar Robert De Niro, der in einem ehemaligen Warenlager ein Film-Produktions-Center einrichtete und sich den Traum vom eigenen Restaurant erfüllte: TriBeCa Grill (375 Greenwich St.). Sogar Papa De Niro durfte Hand anlegen, von seiner Hand stammen die Gemälde an den Wänden.

Das wiederum verfehlt natürlich nicht seine Magnetwirkung auf Grundstücksmakler und ruft zum beliebten Gesellschaftsspiel: »Vertreibung der alten, weniger zahlungskräftigen Mieter« auf. Wohin die Künstler nun fliehen werden, ist noch nicht bekannt.

Greenwich Village – Ein Hauch von Bohemian Spirit

»Ich hatte 19 Whiskys, ich vermute, dies ist ein Rekord.« Es sollte Dylan Thomas' erster und letzter Rekord in seinem Stammlokal White Horse Tavern (567 Hudson St.) sein, denn nach ein paar Tagen segnete der Dichter das Zeitliche; er hatte sich buchstäblich zu Tode gesoffen.

Bars, Künstler und Schriftsteller gehören zu Greenwich Village wie der *bohemian spirit*. Seit über hundert Jahren ist das Village ein Treffpunkt für die kreativsten und avantgardistischsten Köpfe New Yorks. Kein anderes Viertel hat wohl so viele berühmte Dichter und Denker über dem Tresen hängen sehen wie die Gegend um den Washington Square: Eugene O'Neill, Anais Nin, Mark Twain, Edgar Allan Poe, Tennessee Williams, Norman Mailer, Thomas Wolfe ließen sich unter anderen vom Village-Spirit – nicht alle auch vom Alkohol – inspirieren.

Das Leben im Village, zwischen Houston und 14th Street, ist eine Spur gelassener, unkonventioneller. Romantische Gassen, malerische Brownstone-Fassaden und im Vergleich zu Manhattan ein eher »dörflicher« Charakter. Bis ins späte 18. Jahrhundert weideten auf den Wiesen noch die Kühe. Wer es sich leisten konnte, floh vor Pest und Cholera aus der Stadt und baute sich ein Häuschen in Greenwich. Später zogen die Reichen weiter nach Norden und ihre Häuser wurden zu Werkstätten, Geschäften und Unterkünften für Neueinwanderer.

In diesem ethnisch buntgemischten Viertel wurde Toleranz von Anfang an groß geschrieben. Arbeiter und Angestellte, Holländer, Iren, Italiener, sie alle teilten vielleicht weder Kultur noch Sprache, doch sie teilten Wohnblock und Abendessen. Diese Toleranz zog im Verein mit der verhältnismäßig niedrigen Miete schnell Freigeister in den Village-Bann. Nach dem ersten Weltkrieg war das Village Treffpunkt für revolutionären Gedankenaustausch in Sachen Politik und Kunst, Sex und Radikalismus; in den fünfziger Jahren wurde es zur Brutstätte der Beat-Generation, der ersten amerikanischen Subkultur, die sich von Drogen, Jazz und fernöstlicher Religion leiten ließ.

Die Village-Szene protestierte mit Pinsel, Papier und Stift gegen Spießer und die materialistische Weltanschauung »made in USA«. Radikal in den Ansichten, tolerant gegen Außenseiter. Diese Haltung zog bald immer mehr Homosexuelle in das Village. Heute leben rund eine Million Schwule und Lesben in New York; seit dem Stonewall-Aufstand 1969 gilt der Big Apple nach San Francisco als toleranteste Stadt für Gleichgeschlechtliche. Mit dem zweitägigen Aufstand, der durch eine Polizeirazzia im Stonewall Inn in Greenwich Village ausgelöst worden war, hatte man erfolgreich um Akzeptanz gekämpft. Noch vor gut einem Jahrhundert waren Homosexuelle wegen »unaussprechlicher Verbrechen gegen die Natur« verhaftet worden.

Inzwischen können sich nur noch etablierte Lebens- und andere Künstler die schwindelerregenden Mieten im Village leisten, doch seinem leichtlebigen Touch tut das keinen Abbruch, nirgendwo pulsiert das Leben bunter und exzentrischer. Vor allem an Wochenenden und gegen Abend bevölkern Besucher die Straßen und füllen die unzähligen Bars, Lokale und Restaurants. Das Herz des Viertels schlägt im Washington Square Park, der der New York University gleichzeitig als Campus dient. Dort trifft sich die ganze verrückte Village-Welt: Punks, Späthippies, Yuppies, Jogger, Obdachlose, Junckies, Selbstdarsteller, Flohmarkt- und Jahrmarktbesucher.

Der steinerne Washington Square Memorial Arch war ursprünglich ein hölzernes Monument, 1889 zu Ehren George Washingtons gebaut. Das Ehrenmal entbehrt offenbar im Innern nicht ganz der Gemütlichkeit: Während des Zweiten Weltkriegs soll ein Obdachloser fast ein ganzes Jahr darin gewohnt haben. Er würde möglicherweise noch heute seine Tage darin verbringen, hätte ihn nicht ein kleiner Fehler verraten: Er hängte seine Wäsche außen zum Trocknen auf.

Ein bißchen Village-Spirit kann man noch in einigen urigen, einst konspirativen Kneipen und Bars schnuppern: in der Minetta Tavern (113 MacDougal St.), deren Wände Karikaturen und Wandgemälde aus den wilden Zeiten zieren. In der Cedar Tavern (83 University Pl.), einer düsteren Kneipe, die in den fünfziger Jahren der bevorzugte Aufenthaltsort von Jackson Pollock und Roy Lichtenstein war, die dort lauthals über den trostlosen Zustand der Kunst diskutierten, oder in Lion's Head (59 Christopher St.), wo einst Norman Mailer an seiner Bürgermeisterkampagne arbeitete und sich auch heute noch Politiker und Schriftsteller treffen.

Zurück in die Vergangenheit befördert Sie außerdem ein Gang über den Gansevoort-Fleischmarkt (Gansevoort und W. 14th St.). Weniger wegen der Fleischmassen, mit denen sich hier viele der New Yorker Restaurantbesitzer eindecken, sondern wegen der Umgebung, die sich weitgehend ihre Ursprünglichkeit bewahrt hat. Der frühe Morgen ist eigentlich der beste Zeitpunkt für einen Besuch, der sich jedoch nur demjenigen empfiehlt, der selbst auf nüchternen Magen den Anblick von blutigen Schweinen und Rindern ertragen kann. Andernfalls führt der Ausflug auf den Gansevoort-Market nicht in die Vergangenheit, sondern endet abrupt im Bathroom.

Vom künstlerisch verkommerzialisierten Greenwich Village zum ungezähmten, noch nicht in den Rahmen gezwängten kleinen Bruder: dem East Village.

Maler und Schriftsteller radikaleren Gedankenguts – und damit auch kleineren Geldbeutels – flüchteten vor der etablierten Galerieszene und den hohen Mieten gen Osten, in eine Gegend, wo sie ohne erneute Vertreibungsängste Wurzeln schlagen konnten. Denn in East Village haben eine Reihe von ethnischen Nachbarschaften Wurzeln geschlagen, die sich so schnell nicht werden ausreißen lassen.

What's next in downtown? East Village auf der Ostseite Manhattans, zwischen 14th und Houston Street, galt schon immer als Trendsetter unter den Villages. Was heute im Village in ist, sieht man morgen auf den Straßen von Downtown New York und im nächsten Jahr in Europa. Tätowierungen, Piercing (Schmuckstücke in Bauchnabel und Nasenflügel), Body-Painting (angemalter Oberkörper erspart das T-Shirt) – bei uns ein neuer Trend, hier ein alter Hut.

Der »East Village Type« hat sich gar als stehender Ausdruck im New York Slang eingenistet. Wer ein so ausgeflipptes Make-up und einen derart gewagten Aufzug spazierenträgt, daß er am besten in der Avenue D (im East Village werden die Straßen mit Buchstaben benannt – böswillige Zungen behaupten, als den New Yorkern die Zahlen ausgegangen sind, haben sie zu Buchstaben gegriffen) aufgehoben ist, gilt als »East Village Type«. (Die gemäßigtere Form wäre das »Fashion Victim«.)

East Village war in den sechziger Jahren das Epizentrum der New Yorker Hippiebewegung, in den Siebzigern das der Punkszene, und auch heute noch können Sie sicher sein, daß Ihnen ein Restexemplar der einen oder anderen Gattung über den Weg läuft. Wo die Straßen voller Paradiesvögel, die Läden erfrischend bis erschreckend ungewöhnlich sind, macht selbst die Kirche keine Ausnahme: Die St. Mark's-in-the-Bowery Church (2nd Av.), 1799 als Gartenkapelle auf Governor Peter Stuyvesants Grundstück erbaut, gilt als fortschrittlichste Kirche New Yorks, ist für ihren *far out religious service* (betont liberale und tolerante Gottesdienste, auch zu heiklen Themen) bekannt und bietet heimatlosen Theatergruppen eine Plattform.

Den Weg durch das Village weist vor allem die Nase. Wenn ein intensiver Duft von Kardamom in Ihr Geruchsorgan dringt, haben Sie Little India (6th St. zwischen 1st und 2nd Av.) erreicht, bestückt mit über 25 indischen Lokalen.

1968 vermißte eine eingewanderte indische Familie die heimische Küche so sehr, daß sie in ihrer Verzweiflung ein eigenes Restaurant eröffnete. Verwandte und Freunde folgten dem Beispiel.

Ähnlich erging es vermutlich den Ukrainern, die sich in der Nähe des Astor Place (Cooper Square and 7th St.) ihr Little Ukrainia geschaffen haben: Piroshki, slawische Musik, byzantinische Kirchen, heimatliches Kunsthandwerk, allem voran die bemalten Ostereier, Bars mit kyrillischem Namenszug und den billigsten Drinks in ganz Manhattan.

Die Puertoricaner haben sich östlich des Tompkins Square Park und der Avenue B häuslich niedergelassen –

für den Touristen – kein besuchenswertes Pflaster; ausgebrannte Häuserzeilen, graffitibeschmierte Wände sind Ausdruck der Hoffnungslosigkeit vieler junger Südamerikaner. Der Tompkins Park ist einer der berüchtigsten New Yorker Umschlagplätze von Heroin und Crack, was ihm den wenig einladenden Spitznamen »Needle Park« eingebracht hat. Das dürfte auch erklären, warum Grundstücksspekulanten zwar schon ihre Fühler nach East Village ausgestreckt, doch noch nicht zugeschlagen haben.

Wenn Sie inmitten der kulturellen Vielfalt plötzlich das Heimweh überfällt, könnte Sie ein Abstecher in die Ottendorfer Library (135 2nd Av.) trösten. Anna Ottendorfer, Herausgeberin der deutschsprachigen *New Yorker Staats-Zeitung*, gründete in dem 1884 von William Schickel errichteten Gebäude die Freie Bibliothek und Lesehalle, heute ist die ehemalige germanische Enklave ein Teil der New York Library. Zeitung und Bibliothek als Balsam für sehnsuchtskranke Seelen. Zu diesen Mitteln wird allerdings in den Zeiten von Billigflugtarifen nur noch in Ausnahmesituationen oder wirklich hartnäckigen Fällen gegriffen. Entsprechend gering sind Auflage der Zeitung und Zulauf der Bibliothek.

Über Heimweh hinweg hilft möglicherweise auch ein feuchtes Vergnügen: das letzte Russian und Turkish Bath (228 E., 10th St.), das seinen Dampf noch auf die altbewährte Art (riesige Boiler werden erhitzt, anschließend wird Wasser darübergegossen, so entsteht feuchte Hitze) abläßt und mit *platza rub*, einer erfrischenden Abreibung mit weichen Eichenzweigen, die müden Lebensgeister wieder weckt. Nach dem anstrengenden Dampfbad bekommt man hier auch eine kleine Stärkung. Türkische Bäder sind ein heißer Tip in New York, vor allem Geschäftsleute entspannen sich auf diese Art gern von einem arbeitsreichen Tag.

Midtown – Der Inbegriff New Yorks

Himmelhohe Wolkenkratzer, hupende *yellow cabs* inmitten eines chaotischen Verkehrs, Konsumtempel, Broadway-Glitzershows, *white collars* auf dem Weg zur Börse, und über allem ein Hauch von *power* – für die meisten Besucher ist der Abschnitt zwischen Empire State Building und Central Park der Inbegriff von New York.

Manhattans Mitte – Tummelplatz der architektonischen Gigantomanie. Wer hoch hinaus will, muß tief in die Tasche greifen. Der Bauherr hat außer in Grundstück und Baumaterial buchstäblich auch in die Luft zu investieren. Mit dem Kauf von Luftraum von Nachbargrundstücken sichert er sich das Recht, seinen Wolkenkratzer eine Etage höher zu bauen. Donald Trump etwa hat für seinen Trump Tower 100 Millionen Dollar »Abschlag« bezahlt. Was in der Luft recht ist, ist am Boden auch nicht gerade billig. Am Boden müssen als Ausgleich für den Wolkenkratzer Erholungsflächen, *public spaces*, angelegt werden.

Immense Kosten, die durch entsprechende Mieten wieder eingefahren sein wollen: Ein Apartment in Trumps Luxustempel ist für den stolzen Preis von dreieinhalb Millionen Dollar zu erwerben. Dafür liest sich auch die Liste der Apartmentbesitzer wie das *Who is Who* der internationalen Prominenz: Den 65. und

66. Stock bewohnt Michael Jackson. Auf Stockwerk 64 folgt Steven Spielberg, der Scheich von Bahrein kann den 62. und 63. Stock sein eigen nennen, sein Kollege aus Brunei den 60. und 61. Zu den glücklichen Apartment-Eigentümern im Trump Tower zählen außerdem Sophia Loren und Elton John.

Das Herz Midtowns ist das Rockefeller Center, ein in den dreißiger Jahren erbauter, gut abgestimmter Komplex von Bürohochhäusern, Promenaden, Plätzen und unterirdischen Ladenpassagen. Eisgekühltes I-Tüpfelchen ist ein Eislaufring, überwacht von einer goldglänzenden Art-Deco-Bronze-Prometheus-Statue. Dieses Glanzstück des amerikanischen Kapitalismus ist seit kurzem – welch eine Schande – fest in japanischer Anlegerhand. Rund 65 000 Menschen arbeiten im Rockefeller Center, dazu kommt eine tägliche Besucherzahl von 160 000 Menschen, das ergibt die stattliche Zahl von 225 000 Menschen, die sich pro Tag in dem Komplex bewegen.

Solche Besucherscharen vermag St. Patrick's Cathedral sicher nicht anzulocken, wenn sie auch nur wenige Schritte vom Rockefeller Center entfernt steht. Ein absolutes Kontrastprogramm: Das zierliche Kirchlein zwischen den gewaltigen Wolkenkratzern – daran ändert auch die Tatsache nichts, daß es sich bei dem Kirchlein um das elftgrößte Gotteshaus der Welt handelt. Die besinnliche Stille in seinem Inneren gegen die schrille Lärmkulisse und den Einkaufsrummel – das hat was!

Da wir uns gerade im religiösen Bereich bewegen, lassen Sie mich einen kurzen Exkurs unter dem Motto »Amerika, das Land der unbegrenzten Berufsmöglichkeiten« anfügen und Ihnen einen inzwischen ausgestorbenen Beruf vorstellen: den des *Inviter to Funerals* – Begräbniseinladers:

Im Todesfall wurden Gentlemen in Schwarz engagiert, die durch die Straßen New Yorks zogen, lauthals die Todesbotschaft überbrachten und gleichzeitig die Tugenden des Verblichenen priesen.

Am Grab fungierten sie als Zeremonienmeister und verteilten Löffel mit Figuren der zwölf Apostel. (Die künstlerisch nicht immer unbedingt gelungene Darstellung der Apostel brachte ihnen den Spitznamen *Monkey-Spoons*, Affenlöffel, ein.)

Die Damen bekamen ein Medaillon mit einer Haarsträhne des Verstorbenen überreicht. Hatte der Verstorbene eine Glatze, wurden Haare des nächsten männlichen Verwandten ausgeliehen – und hatte auch dieser eine Glatze...

Der Tod als Arbeitsbeschaffungsmaßnahme: Lag ein Angehöriger im Sterben, waren die *comforters of the sick* an der Reihe. Die Aufgabe der professionellen Tröster war es, die Noch-nicht-aber-bald-Hinterbliebenen aufzumuntern.

Für Shopping-Hektik – vorwiegend bei Leuten mit gutgefülltem Geldbeutel – sorgen Fifth und Madison Avenue: Tiffany, Cartier, Lord & Tailor, Bergdorf Goodman. Hier gibt die Gattin das aus, was der Herr Gemahl in seiner gläsernen Büroburg verdient.

Von den Anstrengungen des Geldausgebens erschöpft, kann sie sich ein Ruhepäuschen im Waldorf Astoria (Park Av.) gönnen. Das sagenhafte Top-Hotel gehört zu den Midtown-Luxusoasen der ersten Generation. Die erste Nobelherberge dieses Namens, 1891 erbaut, mußte 1930 dem Empire State Building weichen.

Kein US-Präsident, kaum eine Show-Größe, die das Waldorf nicht von innen gesehen hätten. Die meisten der honorigen Gäste haben sich wohl auch einen Besuch des Empire State Buildings nicht nehmen lassen, bis in die Mitte der siebziger Jahre das höchste Bauwerk der Welt, steinernes Bekenntnis für Wandel und Fortschritt. 1860 Treppenstufen führen auf das 1,250 Fuß hohe Gebäude, das allerdings die wenigstens der rund zwei Millionen Besucher im Jahr zu Fuß erklimmen. Die Aussicht von dem zeitlosen Art-Deco-Kunstwerk ist bei Tag und Nacht atemberaubend.

Zu meinen liebsten Übungen gehört es, dem Empire State Building einen Besuch bei *visibility zero*, Sichtweite gleich null, abzustatten. Im Aufzug gähnende Leere – sonst herrscht darin eine Enge, die selbst furchtloseste Naturen zu Klaustrophobikern werden läßt. Der Portier – sonst gestreßt und mürrisch –, froh, jemanden für einen Plausch gefunden zu haben, erzählt seine Lebensgeschichte, und das oberste Stockwerk muß ich nur mit dem Popcornmann teilen. Ich hole mir eine doppelte Portion Zuckerwatte und erfreue mich ungestört an New York im Nebelmantel.

Das Sichtweiten-Special sei allerdings nur Wiederholungstätern empfohlen. Wer zum erstenmal hinaufsteigt, sollte eigentlich auch etwas von der Aussicht haben.

Sie haben den Aufstieg mühelos zu Fuß bewältigt? Dann sollten Sie eine Teilnahme am »Empire State Building Run Up«, einem ungewöhnlichen Marathonrennen, in Betracht ziehen. Jedes Jahr im Februar messen sich Teilnehmer aus aller Welt im Treppensteigen; zu bewältigen sind zirka 1500 Stufen, die Rekordzeit liegt bei zwölf Minuten. Für die Verlierer gibt es immerhin noch die Aufzugfahrt abwärts gratis.

Im Concourse Level ist die Guinness World Records Exhibit Hall untergebracht mit Belegen über einzigartige Rekorde, die der Menschheit wohl entgangen wären, gäbe es nicht das *Guinness Buch der Rekorde*. Ohne die Welt der Rekorde würden wir nie erfahren, wo das Limit im Dauerduschen liegt oder mit welcher maximalen Geschwindigkeit sich Einkaufstaschen einpacken lassen.

Das Empire State Building gilt, wie auch das Chrysler Building, das General Electric Building und das Lever House als Klassiker unter den Giganten. Zur heutigen Skyscraper-Generation zählen IBM-, Trump-, Parktower und das AT & T Building.

Von der Grand Central Station oder, richtiger, da die Reise hier nur beginnen oder enden kann, dem Grand Central Terminal, profaner ausgedrückt, von New Yorks Bahnhof, starten auf 67 Gleisen und Bahnsteigen die Amtrak (amerikanische Eisenbahngesellschaft)- und Metro-North-Züge. In den frühen Morgenstunden gleicht der Bahnhof einem Bienenstock. Abertausende Pendler aus den Vorstädten und Connecticut quellen gequälten Blickes, aus den Eisenbahnwaggons. Zu Feierabend das gleiche Spektakel, nur umgekehrt; erleichterten Blickes drücken sie sich wieder hinein in die völlig überfüllten Waggons.

Wer die Bahnhofsvorhalle bis ins Detail kennenlernen möchte, kann sich einer Führung anschließen, die einmal wöchentlich stattfindet. Wenn auch das, was eine Bahnhofshalle eigentlich ausmacht, nämlich Züge und Gleise, auf den ersten Blick nicht zu sehen ist, findet man gewöhnlich ohne organisierte Wegweisung den Weg in den Untergrund. Die »Silberpfeile« starten unterirdisch, erst in Harlem tauchen sie wieder an der Oberfläche auf.

Eine gute Adresse, um Wartezeiten zu überbrücken, ist die Grand Central Oyster Bar, reich bestückt mit frischem Meeresgetier und einer traumhaften Clam Chowder. Die schleimig-weiße Farbe dieser Art Muschelsuppe sollte Sie nicht vom Probieren abhalten. Ihnen sind Austern zu wabblig, Sie haben dennoch Zeit bis zur Abfahrt Ihres Zuges? Schlendern Sie durch den Transit Museum Gift Shop mit Geschenkartikeln rund um Transportmittel: Zügen aus Plastik oder Schmuck aus Subway-Token – schließlich ist die kleine runde silbrig-goldfarbene Münze viel zu ansehnlich, um nur in einem dunklen Schlitz zu verschwinden.

Nicht weit vom Grand Central, direkt am Ufer des East River, befindet sich das Territorium der Vereinten Nationen (45th St., First Av.). Nicht zuletzt dank Rockefeller versammeln sich über 170 Nationen in dem 39 Stockwerke hohen Koloß aus Marmor und Glas. Der Millionär hatte mit einer kräftigen Finanzspritze für den Grundstückserwerb New York gegenüber der Mitbewerberin Philadelphia einen Vorteil verschafft. Rockefeller bastelte zu jener Zeit gerade an seiner politischen Karriere, seine großzügige Spende war also kein Akt der reinen Menschlichkeit. Der dicke Geldbeutel eines Rockefeller würde der U.N. auch heute wieder gelegen kommen, denn steigende Kosten und Budget-Probleme zwangen 1992 bereits den U.N. Children's Fund zur Umsiedlung in kostengünstigere Gefilde.

Der Eintritt für Besucher ist am General Assembly

Building, 45th Straße. Eine Führung hat neben dem politischen auch künstlerischen Charakter. Außer dem Plenarsaal der Vollversammlung sind Werke von Chagall und Picasso zu bewundern. An sitzungslosen Tagen können Sie einen Blick in den Tagungsraum des UN-Sicherheitsrates werfen, in dem über Sanktionen und Militärinterventionen entschieden wird. Von September bis Dezember kann man der Vollversammlung bei der Arbeit zusehen. Gratis-Tickets gibt es ab 10.30 Uhr an der Rezeption am Eingang. Sollte sich allerdings urplötzlich ein Krisenherd auftun, die Sitzung also so richtig spannend werden, bleibt die Öffentlichkeit ausgesperrt, und Sie haben umsonst gewartet.

Zur Entschädigung sei Ihnen dann ein Einkaufsbummel durch den United Nations Souvenirladen empfohlen – alles duty-free! Gegenüber der U. N. befindet sich eine diplomatische Vertretung der besonderen Art: die United States Mission. New York ist die einzige Stadt Amerikas, die sich mit einer amerikanischen Botschaft brüsten kann.

Lower Westside und Westside –
Wer im Luxus schwelgen kann

Wer sich in einer Luxuswohnung oder ein Apartmenthaus in der Lower Westside, am Westrand des Central Parks einquartiert, hat gute Chancen auf einen prominenten Nachbarn, kann mit etwas Glück einen Blick auf eine ungeschminkte Madonna oder einen unausgeschlafenen Mick Jagger werfen. Wer sich nicht nur eine Wohnung in der Upper West Side, sondern gleich ein Apartment in den Dakota Apartments (1 W., 72nd St.), der ersten Luxuswohnanlage der Stadt, leisten kann, darf sich glücklich schätzen, mit Yoko Ono, der Witwe John Lennons, ein Haus zu teilen. Wenn die Gemäuer dieses Gebäudes sprechen könnten: Leonard Bernstein residierte in dem Backsteinbau, ebenso Lauren Bacall und Judy Garland.

Sie rechnen schon Ihre Ersparnisse zusammen, verflüssigen im Geiste Ihren Bausparvertrag? Vergessen Sie's, die Apartments in dieser Luxuswohngegend sind für den Normalbürger unerschwinglich.

Eine Karte für die Metropolitan Opera werden Sie sich dagegen auch ohne größere finanzielle Umschichtungen leisten können – vor dem Kunstgenuß steht allerdings die Wartezeit. Im Lincoln Center sind, wie Sie inzwischen wissen, neben der Met auch das New York State Theater und die Avery Fisher Hall, Heimat der New Yorker Philharmoniker, untergebracht. Finanziert wurde dieses Mekka für Opern- und Ballettliebhaber fast ausschließlich durch private Spenden. (Das Areal des heutigen Kulturkomplexes war zuvor tiefster Slum, und genau diese Kulisse hatte Leonard Bernstein für sein berühmtes Musical »Westside Story« gewählt.)

Auch heute werden Spenden noch bereitwillig angenommen, zur Belohnung wird der Name des Gebers in Tafeln graviert – natürlich nur bei Summen, die sich sehen lassen können. Wieviel mag wohl Mister Avery Fisher gespendet haben, um mit einer Halle verewigt worden zu sein?

Die Westside ist – ganz ungewöhnlich für New York – von Grün geradezu umgeben. Auf der östlichen Seite der Central Park, im Westen der Riverside Park, eine

50 Block lange Grünoase, die die Stadt vom Hudson River trennt – gestaltet hat sie Frederick Olmsted, der Schöpfer aller bedeutenden New Yorker Parkanlagen einschließlich Central Park und Prospect Park in Brooklyn.

Die Westside wird außerdem von den drei großen Avenues, Columbus Avenue, Amsterdam Avenue und Broadway mit regem Geschäfts- und Nachtleben, Restaurants, Bars, Boutiquen, Antiquitätenläden bestimmt.

Central Park – Der New Yorker Playground

Sie befinden sich zwar im Königreich des Künstlichen, wo Zement, Ziegel, Glas und Stahl Trumpf sind, doch das bedeutet nicht, daß die New Yorker das Wort Natur aus ihrem Wortschatz gestrichen haben. Denn wozu sind Parkanlagen da? Und davon hat der Big Apple eine Menge.

Im dem Meer zugewandten Battery Park (State St., Battery Place) üben junge Leute ihre Taek-Won-Do-Kunststücke, während die Sonne hinter New Jersey untergeht, im Riverside Park, entlang dem Hudson River (72nd St., 116th St.), spielen farbige Halbwüchsige Basketball, im Washington Square Park (Washington Square) tummeln sich Studenten, Musiker, Touristen und Selbstdarsteller aller Art.

Und dann ist da natürlich noch der Central Park, die berühmteste grüne Lunge der Welt. Mitten in der Großstadt, versteckt hinter Wolkenkratzern, liegt der beliebteste *playground* New Yorks; an einem sonnigen

Wochenende pflegen hier die New Yorker ihre Eigenheiten auszuleben; somit ist der Park einer der geeignetsten Orte, die Vielfalt der Stadt kennenzulernen. Sie können dieses künstlerische Gesamtkunstwerk auf die gute alte Art per Kutsche kennenlernen, mit dem Fahrrad über die vier Durchgangsstraßen erstrampeln, sich Rollerblades – die Nachfahren der gemeinen Rollschuhe – an die Füße schnallen, einen Spaziergang zu Fuß machen oder einfach unter einer »alten« Eiche die Dinge bestaunen, die da vorüberkommen. Dogwalker, gemietete Hundeausführer, die für ein paar Dollar den Vierbeinern zu ihrem Auslauf verhelfen, Bodybuilding-Akrobaten, die zu den Klängen des tragbaren Recorders kunstvolle Übungen zelebrieren, Pensionäre, die im neongelben Dress auf Rollerskatern tanzen, Basketballkids, die für eine große Karriere trainieren, Bürositzer, die dem Herzinfarkt davonlaufen, oder einfach nur stolze Mütter, die ihren Nachwuchs durch den Park schieben.

Nach der ersten Beobachtungsphase haben Sie im Central Park die einzigartige Gelegenheit, nach 250 Arten Vögel Ausschau zu halten und 402 unterschiedliche Baumarten zu besichtigen. Auf 22 Spielplätzen, 30 Tenniscourts und 26 Ballfields ihrem Spieltrieb zu frönen, auf dem berühmten historischen Karussel mit den Kindern um die Wette zu schaukeln oder sich das Kitsch-Castle Belvedere anzusehen.

Bis 1856 war der heutige Central Park das Reich der Farmer, der Schweine und der Sümpfe. Für über fünf Millionen Dollar erwarb die Stadt die Grünfläche mit dem Vorsatz, ein Naturparadies für alle zu schaffen. Frederick Olmsted, ein Ex-Farmer und Ex-Journalist mit gestalterischen Ambitionen, setzte, zusammen mit dem Architekten Calvert Vaux, den Plan in die Tat um.

16 Jahre lang war man mit dem ehrgeizigen Naturprojekt beschäftigt, Millionen Kubikmeter Erde und Steine wurden bewegt, fünf Millionen Bäume gepflanzt. Jedes Stück Grün, jeder Busch, jeder Baum, jeder Weg, wurde unter genauester Berechnung von Menschenhand angelegt. Und dennoch ist kein französischer Park à la Versailles entstanden. Der Central Park ist in Bewegung, ist Widerspruch, verbindet alle Elemente zu einem faszinierenden Ganzen – ist eben wie New York.

Welch eine Verschwendung, im Herzen New Yorks eine ausgedehnte Grünfläche anzulegen, mag nun der Bauunternehmer in Ihnen denken, was könnte man dort alles errichten – und mit welch phantastischen Gewinnspannen nutzen! Versuche gab es immer wieder, die Parkanlage mit Beton zu unterwandern, Parkgaragen darunter- oder Häuser daraufzubauen, doch Parks Department und die Central Park Conservancy haben alle Initiativen erfolgreich gestoppt. Immerhin haben bereits achtzig Monumente ihren Weg auf die Grünfläche gefunden – Olmsted würde sich im Grabe umdrehen.

Central Park – o Gott, ist das nicht ein einziges großes Sicherheitsrisiko? Den Horrorstempel trägt der Park vor allem seit 1989, als eine junge Brokerin beim Joggen brutal überfallen und vergewaltigt wurde. Der Park trennt zwei extreme Viertel New Yorks, im Süden grenzt er an die Lower Eastside, der Norden ist in afroamerikanischer Hand.

Der südliche Teil wird von den Parkrangers gut bewacht, jedes Jahr ergehen sich mehr als 14 Millionen Menschen in dem Park, die Chancen stehen auch für Sie gut, einen Ausflug zu überleben. Es gibt natürlich einige Ecken des Parks, die Sie nicht unbedingt sightseeingmäßig erschießen sollten. Dazu gehört der nördliche Teil ebenso wie der dichtbewaldete Parkabschnitt, der als Treffpunkt für Schwule gilt. Daß nächtliche Spaziergänge ein unkalkulierbares Risiko darstellen, versteht sich wahrscheinlich von selbst.

Sind Sie Beatles-Fan? Dann gibt es für Sie die einzigartige Möglichkeit über die Strawberry-Fields zu *strollen*. Vis à vis des legendären Dakota, wo einst John Lennon und heute noch seine Witwe Yoko Ono wohnt, wurden das Strawberry-Fields-Gelände und ein Imagine-Mosaik zum Andenken an den ermordeten Musiker errichtet. Die geistreichen Namen der beiden Gedenkflächen stammen unverkennbar von Beatles- beziehungsweise Lennon-Songs. Sie liegen aber völlig falsch, wenn Sie auf den Strawberry-Fields Erdbeeren zum Selberpflücken vermuteten. Auch das Mosaik hat wohl eher eine geheimnisvolle symbolische Bedeutung.

Damit der Central Park nicht das einzige Stück Natur bleibt, das viele New Yorker ihr Leben lang zu sehen bekommen, können sie sich zusätzlichen Nachhilfeunterricht auf diesem Gebiet in vier botanischen Gärten, sechs Zoos, 1543 Parks und Spielplätzen und an zehn Stränden holen. Darüber hinaus sorgen 700 öffentliche Spielflächen, neun Sportarenen, 500 Tennisplätze und unzählige Gyms dafür, daß man in der Großstadt außer Atem kommt. *Gyms* – die amerikanische Abkürzung für Fitneßgelände, schon das Wort klingt doch einfach dynamisch... Und wem dieses Freizeitangebot noch etwas

zu dünn ist, der klemmt sich seine *boom box*, seinen tragbaren Stereorecorder, zwischen Schulter und Ohr, und
tanzt Rap auf seinen Rollerskatern.

Ellis Island, Liberty Island – Zurück zu den Ursprüngen

Sie haben Manhattan durchquert, in das Nachtleben ge-
schnuppert, chinesisch und italienisch gespeist – und
dennoch fehlt Ihnen noch der richtige Bezug zu New
York, das richtige Feeling für den Big Apple? Dann folgen Sie mir zurück zu den Ursprüngen. Eine Fähre
bringt Sie vom Battery Park nach Ellis Island, wo der
amerikanische Traum seinen Anfang nahm.

Die erste registrierte Einwanderin in der Neuen Welt
war ein 15jähriges Mädchen. Annie Moore aus Irland
setzte Anfang 1892 als erste den Fuß auf die Insel. Bis
1932 folgten ihr mehr als 16 Millionen Einwanderer, deren einziger Besitz die Hoffnung auf amerikanische
Staatsangehörigkeit war. (Den vermögenden Einwanderern blieb Ellis Island erspart, sie wurden sofort im
Land der Gleichberechtigung aufgenommen.) Bevor es
soweit war, mußten sie sich jedoch dem nervenzermür-
benden Auswahlverfahren auf dem »Island of Tears«
unterziehen.

Einer der gefragtesten Berufe zur Einwandererzeit
war der des Dolmetschers. Da mittels Körpersprache
eine Verständigung zwar möglich war, sich das Ausfül-
len eines Formulars auf diese Weise jedoch zu einer komplizierten Angelegenheit entwickeln konnte, benötigte
man wortgewandte Mittelsmänner.

Den Sprachenrekord hielt damals ein Übersetzer, der

18 Sprachen beherrschte. Zu diesen Rekord-Dolmetschern zählte übrigens auch Fiorello la Guardia. Für zirka 1000 Dollar im Jahr sorgte er 1920 für Völkerverständigung. 15 Jahre später konnte er sein Gehalt etwas aufbessern. La Guardia wurde einer der beliebtesten Bürgermeister von New York.

Im Baggage Room mußten sie ihr Gepäck abgeben, im Registry Room schlug die Stunde der Wahrheit: Ein Schwall von Fragen zu körperlicher und geistiger Gesundheit, Vorstrafen, politischer Aktivität sowie persönlicher Arbeitsfähigkeit waren zu beantworten. Bei dem leisesten Hinweis auf Gebrechen, erbliche oder Infektionskrankheiten oder einfach nur bei falschen Angaben war der *American dream* geplatzt – immerhin zwei Prozent der Neuankömmlinge erlitten dieses Schicksal. Erheblich beschleunigen konnte man sein Aufnahmeverfahren mit dem richtigen Schein in die Hand des richtigen Einwanderungsoffiziers. Die *staircase of seperation* brachte dann die glücklichen Neuamerikaner per Fähre ans Festland.

Diese ersten Einwanderungsschritte sind im Ellis Island Museum of Immigration originalgetreu nachgebaut. Der Komplex wurde 1990, nachdem er mit 160 Millionen renoviert worden war, zur Besichtigung freigegeben. Einen Großteil der Gelder besorgte Ex-Chrysler-Legende Lee Iacocca. Was uns zu dem Schluß kommen läßt, daß dereinst auch seine Vorfahren Ellis Island passiert haben. Wie Iacocca haben über 100 Millionen Amerikaner von heute Ellis Island-Vorfahren. Illustre Namen finden Sie an der American Immigrant Wall of Honor: Dort sind die Namen von über 420000 amerikanischen Einwanderern eingemeißelt, die es in ihrer neuen Heimat zu Ruhm, Ehre oder sonst etwas gebracht haben, beispielsweise Rudolph Valentino, Golda Meir, Irving Berlin, Edward G. Robinson sowie viele andere.

Richtig dramatisch wird es im Oral History Studio. Im Originalton erzählen hier ehemalige Immigranten von ihren Hoffnungen, Enttäuschungen und Erfahrungen. Frei nach dem Motto: Was ich auf mich nahm, um Amerikaner zu werden.

Eine beachtliche Leistung, zumal es damals noch nicht wie heute 12 000 Psychiater allein in Manhattan gab.

Und nun dürften Sie in der richtigen Stimmung für einen Abstecher zu einer ganz besonderen Lady sein: Der Statue of Liberty. Mich überkommt bei ihrem Anblick jedesmal wieder ein ganz eigenartiges Gefühl, ein unbeschreibliches Freiheitsgefühl. Die Lady weckt in dem Betrachter – zumindest in mir – immer wieder eine innere Stimme, die einem zuflüstert: Alles ist möglich...

Zuviel des Pathos? Probieren Sie's aus!

Eigentlich gehört es sich ja nicht, die intimen Geheimnisse einer Dame preiszugeben, doch Lady Liberty wird es uns sicherlich nachsehen: Die Freiheitsstatue, deren offizieller Name Liberty Enlightening the World ist, mißt samt Fundament und Sockel 93 Meter.

Ursprünglich sollte die Dame mit der Fackel in Ägypten an der Einfahrt zum Suezkanal stehen, die Araber fanden recht wenig Gefallen an den Plänen des Franzosen Frédéric Bartholdi. Etwa zu dieser Zeit stand das hundertjährige Bestehen der USA an, zu welchem Anlaß Frankreich dem Land ein Geschenk machen wollte, um den gemeinsamen Willen zur Demokratie zu untermauern. Und Bartholdis Statue wurde zum Geschenkartikel erkoren. Auch ihr Einstand in Amerika war anfangs nicht von Begeisterung gekrönt, vielmehr erging sich die Presse in ironischen Bemerkungen und monierte die Geldverschwendung.

Dessen ungeachtet trat Miss Liberty, aufgeteilt in 214 Päckchen, Mitte 1885 ihre Reise *overseas* an. Als sie schließlich im Mai 1886 in all ihrer Pracht mit hocherhobener Fackel enthüllt wurde, rief sie wahre Begeisterungsstürme hervor. Seitdem ist die Statue, die eigentlich näher an New Jersey als an New York steht, Freiheitsversprechen, Nationalsymbol und Willkommensgruß.

Die Lady ist innen hohl, mit einiger Kondition läßt sie sich zu Fuß erobern. 335 Stufen führen in schmalen Gängen bis zum Fuß der Statue; daher kann der Aufstieg bei großem Andrang und fußkrankem Vordermann Stunden dauern. Alternativ dazu gibt es Aufzüge. Gipfelstürmer müssen weitere 168 Stufen einer engen Wendeltreppe zurücklegen, bevor sie mit der großartigen Aussicht durch die Fenster im Strahlendiadem belohnt werden.

Haben Sie ihn jetzt, den Spirit of New York? Immer noch nicht? Dann wird das wohl nichts mehr mit Ihnen. Oder aber Sie sind mehr der Borough-Typ. Machen Sie die Probe aufs Exempel!

Harlem – Hauptstadt des schwarzen Amerikas

Ein Außerirdischer sitzt in der Subway neben einem jungen Schwarzen, sie fahren von der 42nd Street *uptown*. Der Außerirdische zeigt einige Kartentricks. Als die

Subway an der 96. Straße ankommt, beugt sich der Schwarze zum Außerirdischen: »Nun zeige ich dir einen richtigen Zaubertrick; ich lasse alle Weißen aus dem Zug verschwinden.«

Ein Kunststück, das sich fast täglich wiederholt. In der 110. Straße beginnt Harlem, für die meisten das Synonym für Getto, Elend, Drogen und Verbrechen, ein Stadtteil, um den man besser einen großen Bogen macht.

Doch das Viertel im Norden Manhattans ist mehr als das, es ist die Hauptstadt des schwarzen Amerikas mit all seinen kulturellen Wurzeln, es steht für Gospelmusik, Jazz, Rap, Martin Luther King und Malcolm X.

Bis Ende des 19. Jahrhunderts bewohnte »Nieuw Haarlem« wie alle anderen Stadtteile auch ein ethnisches Mosaik irischer, französischer und deutscher Immigranten. Die radikale Wandlung begann 1901, als ein schwarzer Immobilienhändler Hausbesitzer dazu überredete, auch an Schwarze zu vermieten. Der Charme des Maklers und nicht zuletzt die Verlockung des Geldes überzeugten. Die Mieten für die Schwarzen lagen um 50 Prozent höher als anderswo. Doch das anderswo war keine Alternative, denn dort wurden sie als Mieter nicht akzeptiert.

Schon bald hatten die Häuser in Harlem den Spitznamen »Oatmeal Flats«, denn nach Abzug der Miete hatten die schwarzen Familien kaum mehr genug Geld für das Essen. Dennoch zogen in kürzester Zeit Hunderte schwarzer Familien von der 53rd Street nach Harlem. Die zweite Einwanderungswelle rollte nach dem Ersten Weltkrieg, die Arbeitsplätze lockten viele Schwarze von den West Indies und der Karibik nach Amerika. Nach dem Krieg trieben Rassismus und Klu-Klux-Klan-Terror die Schwarzen aus dem Süden gen Norden. Nach knappen 18 Jahren wurde Harlem zur ersten schwarzen Stadt der Welt.

In den zwanziger Jahren lockten Duke Ellington, Billie Holiday, Count Basie, Ella Fitzgerald, der legendäre Cotton Club und der Savoy Ballroom viele Weiße nach Harlem. Die Depression machte der Blütezeit ein jähes Ende, Arbeitslosigkeit und Armut griffen um sich, die Bevölkerung schrumpfte um mehr als die Hälfte. Die Folge waren verlassene und verkommene Häuser, deren Besitzer den besten Ausweg darin sahen, sie anzuzünden und die Versicherungssumme zu kassieren oder sie an die Kommune zu verkaufen. Heute gehört der Stadt New York mehr als die Hälfte des bebaubaren Grunds in Harlem. Das war der Auftakt zum stetigen Verfall dieses Stadtteils.

Falls Sie sich todesmutig entschließen sollten, das Schwarzenviertel zu besichtigen (mit oder ohne Bus – siehe Touren), wird Ihnen auffallen, daß es selbst im Herzen Harlems, in der 125th Street, keine Supermärkte, Bäckereien oder große Geschäfte gibt. Der Exodus des Mittelstandes ist durchaus nicht schwer nachzuvollziehen: Wenn ein Metzger überfallen wurde, gab es keinen, der seinen Platz einnahm, wo eine Bäckerei geschlossen werden mußte, weil der Besitzer erschossen wurde, fand sich niemand, der den Laden zu übernehmen bereit war.

Jeder dritte Schwarze ist arbeitslos, es fehlt das Geld für Lehrer und Schulen, Crack und Heroin sind die unangefochtenen Herrscher, Dealer und Opfer werden immer jünger, die Justiz ist hoffnungslos überlastet. Welche Zukunft haben die Jugendlichen in Harlem?

Höchstens eine Karriere à la David Copperfield, wenn sie ihr Repertoire an Zauberkunststücken etwas aufstokken würden; der Subway-Trick alleine dürfte noch keinen internationalen Erfolg sichern...

Doch immer wieder sonntags erwacht die Kraft, der Lebenswille Harlems. Man holt den guten Anzug aus dem Schrank und geht in die Kirche: *It's Gospeltime*. In blauweißen Chorgewändern singen und durchleben Frauen und Männer Spirituals mit göttlicher Stimme in gänsehautweckender Inbrunst. Hier entlädt sich der Mythos Harlem in all seiner Intensität.

Soviel zu Black Harlem, doch es gibt auch noch ein Spanish Harlem, ein East Harlem und El Barrio, hochexplosive Armengettos der Einwanderer aus Puerto Rico (ca. 1,5 Millionen) und der Karibik.

Inmitten dieser Problemzonen residiert ein überwiegend weißes Getto der intellektuellen Art, die Columbia University (114–120th St.). Die älteste und renommierteste Hochschule der Stadt wurde 1754 gegründet, um New Yorks materialistisch ausgerichtetes Profil – Geistesbildung statt Geldmachen – aufzupolieren.

Da Sie sich nun schon einmal in diese Gegend gewagt haben, sollten Sie auf keinen Fall einen Besuch bei The Cloisters im Lord Tyron Park, Washington Heights, versäumen. Manhattan und ein mittelalterliches Kloster, Wolkenkratzer und Kreuzgänge scheinen auf den ersten Blick nicht gerade eine naheliegende Kombination. Doch die Sammlung mittelalterlicher Kunstschätze des Metropolitan Museums of Art, die in einem aus Teilen französischer und spanischer Klöster aus dem 12. Jahrhundert zusammengesetzten klosterartigen Gebäudekomplex einen angemessenen Rahmen gefunden hat, könnte Sie eines Besseren belehren. Ein eifriger Sammler hatte die geschichtsträchtigen Fragmente in Europa aufgetrieben und Stück für Stück nach New York transportiert.

Seine Kollektion von Relikten religiöser und profaner Bauten, Fresken, Bildwerken aus dem Mittelalter zeigte der Sammler in einer Ausstellung in Manhattan. John Rockefeller Jr. war offenbar beeindruckt. Er beschloß, den Gegenständen im Fort Tyron Park, den Rockefeller Anfang 1900 gekauft hatte, eine neue Heimat zu geben und unterstützte den Cloister-Bau: Gemälde, Tapisserien, Kreuzgänge, Kapellen, Grabplatten, Altarstücke fordern den Betrachter zu einem Ratespiel heraus. Welche Teile des Manhattan-Klosters sind historisch-europäisch echt, welche amerikanisch nachgebildet?

Brooklyn – Eine amerikanische Vereinigung

Nicht *last exit Brooklyn*, sondern vielmehr *first start Brooklyn* müßte es heißen, zumindest nach Ansicht der Lokalpatrioten in diesem Stadtteil. Denn jeder siebente Amerikaner, so behaupten sie mit stolzgeschwellter Brust, könne seine Wurzeln nach Brooklyn zurückverfolgen. Und schon fangen sie an, die weltberühmten Kinder ihrer Heimat aufzuzählen: George Gershwin, Barbara Streisand, John Steinbeck, Norman Mailer, Danny Kaye, Mel Brooks, Mickey Rooney, Rita Hayworth, Lauren Bacall, Woody Allen... Wobei letzterer seine Heimat schon in frühen Jahren schmählich verraten haben soll. Mit sechs Jahren fuhr er, damals noch als Allen Königsberg, zum erstenmal mit seinem Vater in der Subway nach Manhattan und hat sich auf den ersten Blick in Manhattan verliebt. 1979 setzte er seiner steinernen Liebe mit »Manhattan« ein Denkmal auf der Leinwand.

Brooklyn ist im Grunde eine Stadt für sich, wäre – für sich genommen – Amerikas sechstgrößte Stadt. 1898 wurde es an New York City angegliedert, für viele Brooklynites noch heute ein *great mistake*. Die Vereinigung brachte eine große Welle Immigranten nach Brooklyn, mit ihnen hielten Elend und Kriminalität Einzug. Die ersten Slums, die letzten Tage für die Schiffswerften.

Manhattanites bezeichnen Brooklyn als schläfrigen Vorort, die Brooklynites Manhattan als »the city«, die Stadt. Der müde Touch macht sich auch bei den Mieten bemerkbar, die im Gegensatz zu den Manhattan-Preisen auch für einen Normalsterblichen halbwegs erschwinglich sind.

Dennoch hat sich Brooklyn einen ganz eigenen Charme erhalten, von allen sogenannten *outer boroughs* ist es das sehenswerteste. Empfehlenswert ist ein Spaziergang entlang den Brooklyn Heights, der altbekannte Erinnerungen hervorrufen wird: In kaum einem in New York gedrehten Film oder Krimi darf ein Cut mit Gesamtblick von dort auf Manhattan fehlen. Da stützt sich dann, meist in einer alles entscheidenden Szene, der Held oder der Bösewicht schwer seufzend oder tief nachdenklich auf das Geländer der Brooklyn Heights Promenade und betrachtet tiefsinnig die Skyline. Oder die Protagonisten ziehen sich zum klärenden Aussprachepicknick hierher zurück.

Die Brooklyn Heights vermitteln einen Eindruck davon, wie New York einst gewesen sein muß, als es noch nicht die bedeutende Großstadt war. Brooklyn Heights dürfte schon immer für eine Inspiration gut gewesen sein: Truman Capote schrieb in der Willow Street »Breakfast at Tiffany's«, Arthur Miller in der Pierrepont Street »All my sons« und in Grace Court »Death of a Salesman«, Norman Mailer verfaßte in der Pierrepont Street »The Naked and the Dead«, und Henry Miller war in der Remsen Street schriftstellerisch tätig. Unbekannt ist allerdings, welchem Werk er sich gerade widmete...

Die Einverleibung in New York weckte 1893 Brook-

lyns Ehrgeiz, Manhattan wenigstens kulturell zu über-
flügeln: Ergebnis war das Brooklyn Museum (200
Eastern Pkwy.). Wenn man auch den bescheidenen Vorsatz, das größte Museum der Welt zu schaffen, nicht
ganz in die Tat umsetzen konnte, entstand doch ein Ort
mit ausgezeichneten völkerkundlichen Abteilungen neben nationalen und internationalen Kunstsammlungen
und Ausstellungen Marke sehenswert.

Und was den Manhattanites an grüner Lunge recht
war, sollte den Brooklynites billig sein. Man holte sich
sogar fast die gleichen Architekten, das Landschaftsduo
Olmstedt Jr. und Vaux. Während jedes Stück des Central Parks generalstabsmäßig geplant war, Originalton
Olmsted Sr.: »Jeder Meter, jeder Baum, jeder Busch,
jeder Bogen wurde mit einer Vorgabe an genau dieser
Stelle errichtet«, konnten die Landschaftsgestalter in
Brooklyn ohne Millimeterplan arbeiten und ihrer Ge-
staltungslust freien Lauf lassen. Sie schufen mit dem
Brooklyner Prospect Park nach eigenen Angaben ihr be-
stes Werk. Abgesehen von der ungezwungenen Vertei-
lung von Bäumen und Büschen findet man auch in
Brooklyns Park alle Annehmlichkeiten, vom Karussel
über einen kleinen See bis zum Zoo. Wie sein großer
Bruder dient auch der Prospect Park als Liegewiese und
Grünoase. Eines hat man dem Central Park sogar vor-
aus: einen alten Quaker-Friedhof mit dem Grab von
Leinwandstar Montgomery Clift.

Die Verbindung zwischen Brooklyn und Manhattan
ist die Brooklyn Bridge, 1883 als erste Stahlhänge-
brücke der Welt über den East River gespannt. In ihren
Anfangsjahren war sie drauf und dran, mit dem Stigma
des Unglücksbringers behaftet zu werden: Zuerst starb

ihr Konstrukteur John Roebling an den Folgen eines Unfalls, dann wurde sein Sohn, der das Werk des Vaters fortführte, von einer rätselhaften Krankheit befallen, die ihn lähmte. Zwanzig der über 500 Brückenarbeiter starben während des Baues, und eine Woche nach der Eröffnung gab es weitere Todesopfer. Das hysterische Geschrei einer Frau hatte Passanten glauben gemacht, die Brücke würde zusammenbrechen; in heller Panik stürzten sich zwölf Menschen in den East River. Doch Ende des 19. Jahrhunderts überstand sie die letzte Feuerprobe ihrer Stabilität anstandslos: Eine Zirkusgruppe überquerte die Brücke mit 22 Elefanten...

Das war eine unauffällige Überleitung zu meinem liebsten Spaziergang in New York, den ich Ihnen keinesfalls vorenthalten möchte: zu Fuß über die Brooklyn Bridge, besonders reizvoll bei Nacht. Der Blick auf die Skyline, die immense Energie der unzähligen Lichter, und das, obwohl die New Yorker – zumindest größtenteils schlafen – einzigartig!

Anschließend zum zweiten Staunen über Manhattans Skyline – diesmal im Sitzen und vielleicht bei einem Cocktail – ins River Café unter der Brücke (1 Water St., Brooklyn) – hier wird auch der größte New York-Skeptiker zum Big Apple Fan.

Tagsüber ist die Brooklyn Bridge übrigens ein heißer und absolut sicherer Tip für ein Lauftraining. Zweimal die Brücke entlanggejoggt, und das tägliche Pensum ist absolviert, traumhafter Ausblick und Autoabgase inklusive. Daher mit dem Atmen besser sparsam umgehen. Es sind erstaunlich viele New Yorker, die diese Art der morgendlichen Ertüchtigung nutzen. Da gewöhnlich niemand im Nadelstreifenanzug zum Joggen ansetzt, kann man nur raten, um welche Spezies von Fitneßfreaks es sich handelt. Mit großer Wahrscheinlichkeit muß der Großteil unter der Rubrik Geschäftsleute einzuordnen sein – so hat man schließlich selbst beim Joggen sein Ohr am Puls der Großstadt...

Apropos Luft oder, besser, Seeluft: Wo Brooklyn auf den Atlantischen Ozean trifft, liegen zwei weitere New Yorker Touristenattraktionen: Coney Island mit seinem weltberühmten Amüsierpark und Brighton Beach, einst pompöses Seebad. Die besten Zeiten haben beide hinter sich.

Brighton Beach erlebte gegen Ende des Kalten Krieges eine gewaltige russische Einwanderungswelle, die Restaurants entlang der Brighton Beach Avenue setzen mehr auf Kavier und Wodka als auf Hamburger und Coke. Die russischen Lokale National Restaurant und Odessa werden vor allem an den Abenden gerne von den Manhattanites besucht: russische Live-Musik, russischer Tanz und jede Menge *vodka on ice.*

Coney Island, für die New Yorker heute eine behäbige »alte Dame, die in die Jahre gekommen ist«, war in den Zwanzigern der Inbegriff des Freizeitvergnügens für die hart arbeitenden Immigranten. Mit ein paar Nikkels konnte man die Stadt mit all ihren Problemen hinter sich lassen und in der Welt größten Spielplatz eintauchen.

Tun Sie's ihnen gleich: Eine Fahrt auf dem berühmten hölzernen Roller Coaster, seit 1927 in Betrieb, eine Runde auf dem mittlerweile uralten Wooden Wheel, dazu eine Zuckerwatte und Luftballons – und die Legende lebt.

Eine weitere Attraktion Coney Islands ist kulinarischer Natur: Nathan's Famous, der Welt bester Hot Dog-Stand, wo der berühmte Snack vor nahezu einem Jahrhundert das Licht der Fast Food-Welt erblickte.

Queens – Hier werden Legenden gemacht

Das erste und das letzte, was man gewöhnlich von New York zu sehen bekommt – sobald man wieder Boden unter den Füßen hat –, ist der Stadtteil Queens; Standort der beiden Flughäfen John F. Kennedy für Übersee- und La Guardia für Inlandsflüge.

Es heißt, in Queens würden Legenden gemacht, zumindest für Baseball mag dies zutreffen: Das Shea Stadium, das immerhin 55 000 Zuschauer faßt, ist die Heimat der New York Mets. 1965 stieg in diesem Stadion das legendäre Beatles-Konzert, Papst Johannes Paul II. gab hier 1979 ein Gastspiel. Der Papst landete aus zweierlei Gründen in Queens einen beachtlichen Publikumserfolg: Die Amerikaner haben eine ausgemachte Schwäche für Erfolg und Sieger. Da es zweifelsohne einiger Anstrengung bedarf, es bis zum Oberhaupt der katholischen Kirche zu bringen, fällt natürlich Karol Wojtyla unter die Kategorie Sieger – und so war ihm schon aus diesem Grunde eine jubelnde Menge gewiß. Selbstverständlich gibt es auch in New York eine große Anzahl gläubiger Katholiken, die keinen Papstgeburtstag ungefeiert verstreichen lassen und die zutiefst bewegt noch ihren Urenkeln vom Live-Auftritt Johannes Pauls II. erzählen werden.

Lassen Sie uns an dieser Stelle einen kurzen Blick auf

die Religiosität des New Yorkers werfen. Eine beispielhafte Entwicklung in Sachen Glauben hat mein Freund Tom hinter sich: Er begann als Katholik, wechselte bald darauf zum Protestantismus über, beschäftigte sich ein halbes Jahr lang mit dem Studium des Korans und liebäugelt gegenwärtig mit dem Buddhismus. Was den unweigerlichen Schluß zuläßt, daß religiöser Fanatismus auf New Yorker Asphalt nur schlecht gedeiht.

Der New Yorker ist gegenüber anderen Religionen tolerant, aufgeschlossen und interessiert – aber nie besonders lange. Soll doch jeder seinen Glauben ausüben, wie er möchte; deshalb gibt es kaum eine Religion, die es in New York nicht gäbe – mit all ihrem sichtbaren Ausweis: Moscheen, Kathedralen, Synagogen. Auch die Sekten haben in New York kein erfolgreiches Jagdrevier. Nicht umsonst hat eine der größten Organisationen, die Scientology-Sekte, ihr Hauptquartier in Florida und die meisten Anhänger in Kalifornien – nicht in New York.

Doch nun begeben wir uns wieder zurück in profanere Gefilde, zum Tennis. Bei Flushing Meadow werden die Freunde des weißen Sports an die »U. S. Open« denken. Wo heute die Tenniscracks aus aller Welt die Tennisbälle springen lassen, war bis 1939 eine riesige Müllabladefläche.

Eine eher umgekehrte Karriere machte Queens in Sachen Film. In den zwanziger Jahren war der New Yorker Vorort das Hollywood der Ostküste. Paramount drehte berühmte Stummfilme mit Stars wie Rudolph Valentino, Gloria Swanson und den Marx Brothers im Kaufman Astoria Studio (34–12 36th Av.). 1932 machte das Studio Pleite und mußte geschlossen werden, während des Zweiten Weltkriegs wurde es zur Produktion von Militärfilmen genutzt, heute ist es eine historische Sehenswürdigkeit.

Seit 1988 gibt es das American Museum of the Moving Image (36–01 35th Av.), wo man Spezialeffekte und ein beträchtliches Filmarchiv besichtigen kann. Neueren Datums sind die Silverstone Studios (42–22 22nd St.). In einer ehemaligen Bäckerei wurde 1983 ein gewaltiges Filmstudio eingerichtet. Hier werden vor allem *commercials*, also Werbespots und Musikvideos, gedreht. Im vierten Stock bietet ein riesiger Partyraum, den man – zu einem entsprechenden Preis natürlich – mieten kann, einen wunderbaren Blick auf die Skyline.

Was sind das nur für eigenartige Adressen, werden Sie sich möglicherweise fragen. Gerade haben Sie Ihre ersten Erfolgserlebnisse in der Orientierung in New York hinter sich und nun das. Recht haben Sie, das Straßennumerierungssystem in Queens ist ein Buch mit sieben Siegeln, dessen wahres Geheimnis selbst viele waschechte Queens-Bewohner noch nicht enträtselt haben. Ich kann Ihnen leider auch nur einen vagen Erklärungsversuch anbieten: 42–22 22nd. Street, diese Adresse dürfte sich in der 22nd Street nahe der Kreuzung zur 42nd Street befinden (Angabe ohne Gewähr!).

Ohne größere Straßenrätsel finden Sie mit Sicherheit zu einer der größten Attraktionen Queens, dem Jamaica Bay Wildlife Refuge. Der Name verspricht allerdings mehr, als das Gebiet halten kann. Zu sehen gibt es Hunderte von Vögeln und Pflanzen. Hochkonjunktur herrscht zur herbstlichen Auswanderungswelle, die

Mitte August beginnt. Vergessen Sie Ihre Gummi-
stiefel nicht!

Als neue Heimat haben sich vor allem die Griechen,
die Puertoricaner und die Inder Queens erwählt. Die
größte griechische Komune außerhalb Griechenlands
lebt hier in friedlichem Einvernehmen mit Little India.
Über 60 000 Einwanderer aus Indien ließen sich rund um
die Roosevelt Avenue nieder und verwandelten Jackson
Heights in einen exotischen Standort mit Gewürzläden
und Sari-Shops.

Brooklyn und Bronx haben als Einwandererziel ausgedient, nun ist Queens an der Reihe. Nach Athen etwa
findet man in Queens die größte griechische Gemeinde
der Welt.

Queens zählt ebenso wie Brooklyn zu den verschlafe-
nen Vorstädten New Yorks. Günstige Mieten machen
es zu einem Treffpunkt auch weniger zahlungskräftiger
Mieter.

The Bronx – Ein heißer Tip für Naturfreunde, Sensationstouristen und Überlebenskünstler

Gus, der Bär, scheint traumatische Kindheitserlebnisse aufzuarbeiten. Seit Monaten wiederholt er das gleiche stupide Ritual: Er macht zwei Schritte auf dem Kunstfelsen, stürzt sich kopfüber ins Wasser, um es nach kurzem Schwimmen wieder zu verlassen, gleich darauf beginnt das Ganze von vorne, wieder und wieder. Für 40 000 Dollar sollte der Psychiater Tim Desmond das Tier heilen. Bisher erfolglos. Vielleicht fehlte dem Bären die Couch...

Und dabei ist der unzufriedene Bär im Wildlife Conservation Park in der Bronx, einem der schönsten Zoos der Welt und des größten städtischen Tierparks des Landes, zu Hause. Auf 300 Hektar können Sie die *jungle world*, die *world of birds*, die *world of darkness* der Nachttiere, das Lion's Island und über 4000 weitere Tiere in Freigehegen sehen. Der Zoo ist die Sehenswürdigkeit Nummer eins in der Bronx und mit 2,5 Millionen Besuchern eine der beliebtesten Touristenattraktionen New Yorks (Subway Station: Pelham Parkway).

Auch die New Yorker setzen gegen unruhigen Nachwuchs gerne das Wundermittel Tierpark ein. Mit durchschlagendem Erfolg, wie das Beispiel meines Freundes Jeff zeigt: Er besucht mit Quälgeist Lisa mittlerweile öfter den Zoo als seine Eltern, die nur eine Straße weiter wohnen.

Gleich in der Nähe findet der Pflanzenfreund sein Paradies, den New York Botanical Garden, wo er sich in Bananenplantagen, zwischen Kakteen, Palmen und anderem exotischen Gewächs ergehen kann. Auch die Sportfans kommen in der Bronx nicht zu kurz: Die Yankees, ein Baseballverein, haben seit 1923 ihr Heimatstadion in dem verrufenen Stadtteil. Hundert Millionen Dollar hat man sich in den siebziger Jahren seine Renovierung kosten lassen, von der man sich gleichzeitig eine Verbesserung im Ansehen der Gegend versprach – der Erfolg war nicht überwältigend.

Die Bronx *at its worst* zeigt sich im Süden. Die South Bronx ist Synonym für Drogen, Gewalt und menschliches Elend. Ausgebrannte Häuserzeilen, allgegenwärtige Graffitikunst erzählen die Geschichte der ausweglosen Lage vieler Schwarzer und Latinos, die Crack und dem Verbrechen verfallen. Ein Abstecher in die South Bronx sei nur Sensationstouristen und Überlebenskünstlern empfohlen.

In einem wilden Viertel kann man wohnen, man muß sich nur zu helfen wissen, ist die Devise der berühmten Guardian Angels. Unter dem Motto »nicht wegsehen, sondern einmischen«, tun sie ihr Bestes, um die Straßen der Bronx sicherer zu machen. Wenn auch der Einsatz der Nachbarschaftshilfsgruppe im Hinblick auf die wachsende Kriminalität an den ungleichen Kampf David gegen Goliath erinnert, haben die Guardian Angels zumindest weltweiten Ruhm und Nachahmung gefunden.

Unbedingt einen Besuch wert dagegen ist der Woodlawn-Friedhof (East 223rd St.). Einige reiche und exzentrische New Yorker (z. B. die Kaufhausgründer Macy und Woolworth) haben sich ihren Abgang zum großen Auftritt gestalten lassen. Sphinxbewachte Mausoleen statt gewöhnlichem Grabstein. Auch Duke Ellington fand hier die letzte Ruhe – allerdings ohne Sphinx!

Und wieder zurück zu den Kindheitserlebnissen; die Bronx ist auch Heimat von Hollywood-Superstar Robert de Niro. Anders als Gus ließ dieser die ganze Welt an seinen Erinnerungen teilnehmen. De Niro arbeitete seine Kindheit in »Straßen der Bronx« 1994 auf Zelluloid auf.

Entstanden ist »Bronx Tales«, ein Streifen, der ansatzweise das Leben und vor allem das Überleben in diesem New Yorker Viertel, das nach einem gewissen Jonas Bronck benannt ist, der dort im 16. Jahrhundert eine große Farm besaß, recht gut darstellt.

New York ist im Grunde genommen ein Archipel. Manhattan und Staten Island sind Inseln, Brooklyn und Queens befinden sich am westlichen Ende von Long Island, die Bronx ist der einzige Stadtteil auf dem Festland. Und sie hat gleich noch einen Superlativ zu bieten, nämlich mit High Bridge die älteste Brücke New Yorks, die zugleich das letzte Teilstück eines Aquädukts ist, der Manhattan mit Trinkwasser versorgt.

Staten Island – Reif für die Insel?

*B*ei Staten Island ist vor allem der Weg das Ziel: Das vierte Vorortviertel des Big Apple erreicht man mit einer Fähre, die zwanzigminütige Anfahrt zu dem Spottpreis von 50 Cents ist das höchste der Aussichtsgefühle. Die Skyline von Manhattan schrumpft, je deutlicher die Umrisse von Staten Island werden, der Blick auf Lady Liberty und Governor's Island sind allein diesen Ausflug auf dem Wasser wert.

Zerrte der Lärm, der Verkehr, der Trubel in Manhattan schon langsam an Ihren Nerven? Dann willkommen in Staten Island. Auf dieser, im Vergleich zu New York City gemütlichen Insel, scheint die quirlige Millionenstadt Lichtjahre entfernt.

Staten Island hat sich viel von dem Spirit der frühen Siedlerzeiten bewahrt. 1661 ließen sich hier französische und holländische Farmer nieder. Wie diese Farmer damals lebten, machen das Island Historical Museum und vor allem der Komplex Richmondtown Historic Restoration anschaulich: Man renovierte Gebäude aus dem 17. bis zum 19. Jahrhundert, stattete diese liebevoll mit originalgetreuen Nachbildungen der Einrichtung aus und steckte die Fremdenführer in traditionelle Gewänder. Für die ausgedienten Seeleute errichtete ein reicher Mann in der ersten Hälfte des 19. Jahrhunderts eine Anzahl Häuser, die ihnen ein behagliches Zuhause boten. Heute ist die Anlage ein höchst aktives Kulturzentrum, das nicht nur Historikfans und alte Seebären anzieht.

Neben Seeleuten und Farmern trifft man auf Staten Island auf etwas, das man dort nicht unbedingt erwartet hätte: Buddha. Beziehungsweise eine eigenartige Ansammlung von Dingen rund um den Buddhismus. Die größte private Sammlung dieser Art im Westen legte 1880 eine junge Dame(!) namens Jacques Marchais an, dementsprechend nennt sich die Sammlung auf dem Lighthouse Hill Jacques Marchais Center of Tibetan Art. Sogar der Dalai Lama zeigte sich bei einem Besuch 1991 beeindruckt.

Ein illustrer Gast auf Staten Island war Mitte des 19. Jahrhunderts Italolegende Giuseppe Garibaldi; zwei Jahre seines unfreiwilligen Exils verbrachte der italienische Freiheitskämpfer in bitterer Armut auf der Insel. Eines derart ausgedehnten Aufenthalts bedarf es nicht, um die ländliche Atmosphäre einzufangen. Im Gegensatz zu den Touristen begnügen sich die Manhattanites nicht mit einem Halbtagsausflug, ihnen geht es mehr um die Idylle als um die Aussicht der Skyline. Sollten Sie eine Besichtigung Staten Islands aus Zeit- oder anderen Gründen nicht in Ihr Urlaubsprogramm aufnehmen, ist dies kein allzu großer Verlust – bis auf die Überfahrt, natürlich...

Alptraum und Sündenbabel oder Quell höchster Inspiration?

Jack ist ein waschechter New Yorker. Geboren und aufgewachsen im Big Apple. Er ist Yankeefan, spielt für sein Leben gern Basketball, arbeitet im *Time Life*-Gebäude mitten in der Stadt.

Seine Frau Heather stammt aus Connecticut, aus einer kleinen, ruhigen, sicheren Stadt. In ihren ersten Wochen in New York durchlebte sie eine Krise nach der anderen. Und von Zeit zu Zeit startete sie Versuche, ihren Ehemann zu einem Umzug nach Connecticut zu bewegen – was jedesmal eine mittelschwere Ehekrise hervorrief.

Sicher, manchmal sehnt sich auch Jack nach einem Strand vor der Haustüre, nach grünen Wiesen, viel Natur und hohen Bergen, nach Sicherheit und Sauberkeit. Dann fragt er sich, was ihn in dieser überfüllten, lauten, chaotischen Stadt hält. Und dennoch würde er nicht einmal im Traum daran denken, aus New York wegzuziehen.

Es ist eine Art von Haßliebe zu dieser Stadt, die Jack mit vielen New Yorkern teilt. Jederzeit bereit, sich zu beklagen, doch nie und nimmer willens, das Objekt ihrer zwiespältigen Gefühle jemals zu verlassen.

Überfällt Heather wieder einmal die New York-Krise, schleppt Jack sie zuerst in ein schräges Restaurant, anschließend in das neueste Broadway-Musical, oder sie gehen ins Top of the Sixes (666 5th Av.) und beobachten, einen eisgekühlten Daiquiri in der Hand, wie der Sonnenuntergang die Skyline Manhattans in gleißendes Gold hüllt. Wenn Heather dann am nächsten Tag mit einer Araberin beim Einkauf im Delikatessenladen über den Islam diskutiert und eine fabelhafte Rap-Einlage im Subway-Schacht hört, fragt sie sich, wie sie das geruhsame Leben in Connecticut jemals hatte aushalten können.

Womit sie John Steinbecks Charakteristik dieser Stadt und ihrer Bewohner bestätigt: ». . . Ihr Klima ist ein Skandal, der Verkehr der reinste Wahnsinn und der Konkurrenzkampf mörderisch. Dabei ist freilich eines nicht zu übersehen: Alle, die in New York heimisch geworden sind, würden um nichts in der Welt mehr woanders leben wollen . . . «

Der New Yorker empfindet die Stadt als lebendiges Wesen, das atmet, sich bewegt, Energien überträgt. Ein Wesen, dem man sich anpassen muß, auf das man mit wachem Geist, Körper und Seele reagieren muß. Die Stadt hat sich den Regeln der Hochfinanz angepaßt, sie zahlt aus, was man in sie investiert, und es ist Mitarbeit gefordert. Der ängstliche Zeitgenosse, der ihr mißtrauisch oder gar mißmutig begegnet, wird nichts als trübe Impressionen ernten, geht man dagegen mit einer Portion Neugier und Abenteuerlust an die Entdeckung der Stadt, wird sie bereitwillig all ihre Schätze ausbreiten.

Carol hat ihre Schwester Heather nur ein einziges Mal in New York besucht. Entsetzt und verstört ist sie wieder in ihre Kleinstadtidylle nach Connecticut geflüchtet. Keinen Fuß werde sie mehr in diesen Moloch setzen, wo man am hellichten Tag über leblose Körper steigen und Angst um sein Leben haben müsse.

New York hat keinen guten Ruf im Lande, es gilt als Sündenbabel, als Hochburg der Korruption und der lokkeren Lebensart – einerseits. Andererseits identifiziert selbst der konservativste Farmer aus Iowa die mächtige Silhouette von Manhattan mit Macht und Selbstbewußtsein des amerikanischen Volkes.

Nur zu gern überläßt das restliche Amerika der Metropole die Rolle eines nationalen Prüflabors: Was gutgeht, kommt dem ganzen Land zugute, was danebengeht, muß niemand sonst mehr ausbaden.

New York ist eine Stadt der Überlebenden. Zielsicher haben sich hier alle gesammelt, die Verfolgungen, Konzentrationslager, Verhaftungen, Gleichschaltungen, Hungersnöten entkommen sind. Sie wurden zu New Yorkern, ohne jedoch die Verbindung zu ihrer Herkunft ganz abgeschnitten zu haben. Sie sprechen Englisch, können aber ihren Akzent oft nur schwer verbergen. Sie sind bunte Mosaiksteinchen, die, zusammengesetzt, die Faszination New Yorks ausmachen.

Die Hudson-Metropole ist eine Welt für sich mit Leihgaben – Kulturen, Idealen, Traditionen, Lebensweisen, Mentalitäten – aus aller Welt. Und genau das macht sie zu einem Ort, der jeden mit offenen Armen empfängt. Wie soll man sich in so einer Stadt nicht willkommen fühlen! »You've got a map of the world here in New York«, sagte kürzlich Bürgermeister Giuliani. Die über 75 Sprachen, die in New York gesprochen werden – beste Aussichten, daß auch Sie sich verständigen können –, bestätigen Giulianis Landkartenthese.

Entgegen anderslautenden Aussagen sind die New Yorker äußerst freundlich und hilfsbereit. Für Ortsunkundige stehen die Chancen gut, eine ausführliche Wegbeschreibung zu bekommen. Geht der Befragte in die gleiche Richtung, wird er Sie sogleich ins Schlepptau nehmen. Natürlich sollten Sie nicht gezielt Passanten im Nadelstreifenanzug mit Aktenköfferchen aufhalten, die gehetzten Blickes und schnellen Schrittes die Bürgersteige entlangeilen.

Die Frage nach dem persönlichen Wohlbefinden, *How are you today*, die vom Bagel-Verkäufer bis zum Zugschaffner niemand ausläßt, sollte nicht überbewertet werden. Sie ist mehr rethorische Floskel als Ausdruck direkten Interesses, und niemand erwartet eine exakte Beschreibung Ihres Gesundheits- oder Gemützustandes. Auch bei einem *How was your day?* ist keine detaillierte Auskunft über Ihren Tagesablauf erforderlich. Nicht anders verhält es sich mit der Grußformel *Have a nice day*. Als passende Antwort auf diesen frommen Wunsch eignet sich ein schlichtes *You too*.

Ruft Ihnen jemand ein kurzangebundenes *Yo* entgegen, besteht kein Grund anzunehmen, man habe einen schlechtgelaunten oder unfreundlichen Zeitgenossen vor sich. Um das *Yo* in seiner genauen Bedeutung zu erfassen, ist Ihre Interpretationskunst gefragt. Sie haben die Wahl zwischen *Pardon me*, *Pleased to see you, man* und *Watch it*.

Bietet Ihnen jemand einen »Manhattan Special« an, ist das weder ein Vorschlag für eine Stadtrundfahrt noch der Hinweis auf einen Expressbus. Der Manhattan Special ist, ja, was ist das eigentlich. Ein Getränk, soviel läßt sich noch mit Sicherheit feststellen, beschrieben wird es als »the world's most delicious coffee soda«, enthält also auf jeden Fall Kaffee. Kurz, wer Ihnen einen Manhattan Special anbietet, hat die lobenswerte Absicht, Sie in den Genuß eines typisch New Yorker Getränks zu bringen.

Den Touristen begegnet der New Yorker mit Toleranz und Gelassenheit, hat selbst aber mit den Sehenswürdigkeiten, die Millionen Besucher in seine Heimatstadt locken, nicht viel am Hut. Aber wehe, man würde sie ihm nehmen. Ohne mit der Wimper zu zucken wäre er bereit, einen bewaffneten Kreuzzug zur Rückeroberung zu starten. Denn die Attraktionen gehören ebenso zu New York wie er selbst. Und er möchte es sich als seine ganz eigene freie Entscheidung vorbehalten, diese niemals oder täglich zu besichtigen. Jack, der New Yorker, liefert mir in diesem Sinne immer eine gute Zusammenfassung:

Seit er fünf Jahre alt war, hat er nicht mehr die Freiheitsstatue erklommen, war nie auf der Spitze des Empire State Buildings – was sich als großer Fehler erweisen könnte, falls das Gebäude in japanischen Besitz übergeht, in ein Shopping-Center verwandelt und der Eintritt auf 50 Dollar erhöht wird –, hat nie und wird auch nie das Musical »Cats« sehen.

Nur eines läßt er sich nicht nehmen: eine Fahrt auf dem Wasser rund um Manhattan, vorzugsweise am Abend und mit Galadinner – das Gala steht in diesem Fall für ein Abendessen im Sitzen, ohne Selbstbedienung. Dann lehnt er genußvoll Seite an Seite mit Tante Teresa und Onkel Al aus Montana an der Reeling und erfreut sich an der Skyline seiner Stadt.

Fluchtwege aus dem Großstadtdschungel. Ausflüge in die Umgebung

Long Island

Nähert sich das Wochenende oder stehen Ferien an, verlassen die New Yorker in Scharen fluchtartig die Großstadt. Im Sommer kreisen die Idealvorstellungen eines Ausflugsziels natürlich um Bikini, Badetuch und Beach. Verwirklichen lassen sich die Strandträume in Long Island. Mit dem Atlantischen Ozean auf einer und dem Long Island Sound auf der anderen Seite ragt Long Island 200 Kilometer weit ins Meer.

Die New Yorker starten durch und nehmen den Fuß erst kurz vor den Sandstränden von Jone's Beach oder den Hamptons wieder vom Gaspedal – falls sie das seltene Glück der freien Durchfahrt hatten –, von der Bremse, falls sie sich wie gewöhnlich im Stop-and-go-Verkehr aus der Stadt schleichen mußten. Da Sie eine Erholungspause wahrscheinlich nicht ganz so nötig haben wie die Einheimischen, könnten Sie unterwegs das eine oder andere Mal anhalten, um sich einige Attraktionen am »Wegesrand« anzusehen:

Einen ersten Stopp wären die Old Westbury Gardens wert: Landschaftsgestaltung in Perfektion mit im Sommer wunderbar duftendem Rosengarten in der Mitte; ein Volksfest für die Großstadt- und smoggeplagten Nasen. Ein Kontrastprogramm zur Wolkenkratzer-City bietet Old Bethpage Village mit seinem Farmhaus-Spirit aus dem 18. Jahrhundert.

Gruselig wird es in tiefster Long Island-Provinz: Auf einem Hügel in Amityville liegt ein verwunschenes Haus. Seit das Geisterhaus in dem Film »The Amityville Horror« Leinwandkarriere gemacht hat, sieht sich das Örtchen unverhofft um eine Touristenattraktion bereichert.

Von Sayville könnten Sie anschließend mit der Fähre einen Abstecher zum Fire Island machen, einem El Dorado für den Naturfreak und 32 Meilen Sandstrand für den Sonnenanbeter, der trotz Ozonhorror die heißen Strahlen noch unbeschwert genießen kann.

Nächste Haltestelle sind die Hamptons. Southhampton, die älteste Stadt Long Islands, ist ein beliebter High Society Playground. Was in der feinen New Yorker Gesellschaft Rang, Namen und das erforderliche Kapital hat, leistet sich ein Sommerhäuschen in South oder East Hampton. Zu den glücklichen Hausbesitzern zählen Calvin Klein, Steven Spielberg und Paul McCartney.

Nordwestlich von East Hampton liegt Sag Harbour, stolz auf seine Vergangenheit als zweitwichtigster Hafen der Nation. Eine Rolle, die sich angesichts des schläfrigen Städtchens nur schwerlich nachvollziehen läßt. Etwas mehr Aufschluß darüber verspricht das Whaling and Historical Museum. Von Sag Harbour ist es ein Katzensprung – per Fähre – nach Shelter Island, einer Postkartenidylle mit Häuschen im viktorianischen Stil und einer beneidenswerten Stille.

Wenn Sie von East Hampton immer weiter geradeaus fahren, erreichen Sie die Spitze Long Islands, Montauk

Point. Belohnt werden Sie mit einem wunderbaren Blick auf Rhode Island und Connecticut.

Mal ehrlich – hätten Sie soviel Dorfidylle, Hafenromantik und kilometerlange Strände so nahe vor den Türen der Hudson-Metropole erwartet?

Hudson Valley

Eine Fahrt entlang dem Hudson River ist die beste Kur gegen Heimweh und Großstadtkoller; man könnte meinen, man sei daheim am Rhein. Der Amerikaner, das eigenartige Wesen, schwärmt zwar von Deutschland und Rhein, doch das Hudson Valley, welches einige Flugstunden näher läge, steht nicht auf seiner Ausflugsliste.

Eingebettet in eine liebliche Hügellandschaft weckt der Strom unweigerlich Assoziationen an seinen deutschen Bruder. Die Burgen fehlen zwar, doch dafür säumen prachtvolle Villen im Kolonialstil seine Ufer. Besonders schön ist die Valley-Tour im Oktober, wenn der *indian summer* – eine Art Altweibersommer – die Bäume in blutrote, goldgelbe oder leuchtend orange Gewänder hüllt. Ein einzigartiger Farbenrausch im Blätterwald.

Folgt man dem Fluß von New York bis Albany, der Hauptstadt des New York State, verheißen neben landschaftlichen Reizen kulturelle Abstecher Abwechslung. Das Haus von Schriftsteller Washington Irving in Sunnyside beispielsweise ist immer wieder für eine Besichtigung gut. Durch die 17 Räume in dem Haus aus dem 17. Jahrhundert, das Irving um einen Turm bereichert hat, gibt es eine Führung. Der Maler Edward Hopper erblickte das Licht der Welt 1882 in Nyack, das Hopper House Arts Center erinnert an den berühmten Sohn der Stadt.

Weiter »auf den Spuren berühmter Amerikaner« kommen wir an einen Sammelplatz bekannter Namen, wenn auch weniger künstlerischer als vielmehr kämpferischer Natur: Die United States Military Academy in West Point. Seit 1802 trägt West Point maßgeblich zur Verbreitung von Zucht und Disziplin bei. Jeder Konflikt, in den die Vereinigten Staaten jemals verwickelt waren, kann im West Point Museum nachvollzogen, die 4000 Kadetten in zackigem Marsch können auf dem *drill ground* besichtigt werden. Es gilt als große Ehre, in der Akademie aufgenommen zu werden, doch nicht jeder hält den Drill durch. Edgar Allan Poe etwa warf nach kurzer West Point-Zeit die Flinte ins Korn.

Vom Dienst an der Waffe zum US-Präsidenten mit der längsten Dienstzeit: Franklin D. Roosevelt wurde 1882 nördlich der kleinen Stadt mit dem niedlichen Namen Poughkeepsie geboren. Im Franklin D. Roosevelt National Historic Site in Hyde Park kann man sich davon überzeugen, daß Teddy Roosevelt offenbar auch über einen ausgezeichneten Geschmack verfügte. Voller Erinnerungen an den Präsidenten steckt das Franklin D. Roosevelt Library Museum, und Frau Roosevelt kommt auch nicht zu kurz. Ein Zubringerbus bringt den interessierten Besucher zum Eleanor Roosevelt National Historic Site, zu der Villa, wo die First Lady ihre Witwentage verbrachte.

Von der Macht zum Geld; nur ein paar Autominuten weiter steht das Vanderbilt Mansion National Historic

Site, das Häuschen von Frederick W. Vanderbilt, dem Neffen von Millionär Cornelius Vanderbilt, der zeit seines Lebens damit beschäftigt war, Großvaters Geld durchzubringen.

Dem schnöden Mammon weniger abgewinnen konnten die Shaker, eine Glaubensgemeinschaft, die ihr Leben nach den Grundsätzen der Bescheidenheit und der Enthaltsamkeit ausrichtete; die Handwerkskunst dieser Gemeinschaft kann im Shaker-Museum in Old Chatham besichtigt werden.

Noch ein paar Meilen und Albany, das nördliche Ende des Hudson Valley, ist erreicht. Albany, seit 1797 State Capital, ist eine Mischung aus den traditionellen Häuschen entlang dem Hudson Valley und modernen Gebäuden und fällt nicht unbedingt unter meine Top Ten der sehenswertesten Städte.

Auf dem Rückweg empfehle ich Ihnen eine kurze Pause im Catskill Mountain Park: Wälder, Seen, Bäche, Flüsse, viktorianische Holzhäuser – New York scheint Lichtjahre entfernt. Ein wahres Freizeitparadies, das auch ausgiebig genutzt wird: Klettern, Angeln, Drachenfliegen, Radfahren, Kanufahren und Tubing: Wenn Sie an einem der Bäche jemanden in einem LKW-Reifen gegen die Fluten kämpfen sehen, besteht keine Not, einen Rettungsversuch zu wagen; der feuchte Spaß nennt sich Tubing und ist ein beliebter Wildwassersport.

Die größte Stadt in der Region ist Kingston, von holländischem Einfluß gekennzeichnet; 1616 diente es den Holländern als Handelsposten, seinen Platz in den Geschichtsbüchern verdiente sich Kingston, als es während des Unabhängigkeitskrieges kurzfristig zur ersten Hauptstadt des New York State ernannt wurde.

Mit der ältesten, von historischen Häusern gesäumten Straße Amerikas kann New Paltz – nicht New Pfalz – aufwarten: In der Huguenot Street fanden 1677 die Hugenotten Zuflucht. Sechs der Häuser haben dem Zahn der Zeit widerstanden und sind zu besichtigen.

Atlantic City

Preisfrage: Welche amerikanische Touristenattraktion ist die Nummer eins? Niagara-Fälle? Falsch. Disneyworld? Auch falsch. Atlantic City steht an erster Stelle. Über 32 Millionen Besucher der Stadt, die rund drei Autostunden entfernt von New York liegt, setzen jährlich aufs Spiel – wie Ruth.

Die alte Lady steht jeden Tag vor dem Drugstore und wartet auf den Bus nach Atlantic City. In der Hand eine Plastiktüte voller Münzen, die beim Einsteigen klappern. Seit Monaten wartet sie jeden Morgen auf den Bus. »Hi Ruth«, der Busfahrer kennt sie schon. Im Las Vegas der Ostküste setzt sie so ihre gesamte Pension aufs Spiel, in der Hoffnung eines schönen Tages als *rich lady* nach New York zurückzukehren.

Ruth ist kein Einzelfall, der tägliche Bus nach Atlantic City ist immer voll besetzt, vorwiegend ältere Jahrgänge möchten es noch einmal wissen. Vor einem Heer von einarmigen Banditen und Spielautomaten verbringen sie dann ihren Tag, am Abend geht's zurück. Auch wenn Sie keine Spielernatur sind, sollten Sie sich diesen Ausflug gönnen, Sie erleben *American lifestyle at its worst*. Vor hundert Jahren war Atlantic City ein eleganter Badeort mit schöner Uferpromenade und stattlichen Hotels, 1976 wurde die Stadt für das Glücksspiel entdeckt. Am Boardwalk zwischen Albany und New Jersey Avenue wurden in gigantischen Luxushotels kitschig-pompöse Spielhöllen eingerichtet: Kronleuchter, roter Samt, Goldverzierungen gaukeln eine behäbige Wohlstandswelt vor. Roulette, Baccara, Blackjack, Craps und über 25 000 *slot machines* bieten ausreichend Gelegenheit, sein Geld zu verlieren. Mit fünf Dollar Mindesteinsatz sind Sie dabei.

Anders als bei uns herrscht kein Krawattenzwang. Ja, selbst in Jeans und T-Shirt wird der Eintritt nicht verwehrt. Um Besuchern einen Ausflug nach Atlantic City so richtig schmackhaft zu machen, bieten die Hotels Übernachtung, Brunch, Lunch und Dinner zu Spottpreisen an. Voller Bauch gegen leere Taschen – schließlich soll man ja sein Geld nicht auf den Speisetischen, sondern auf den Spieltischen lassen. Für Stimmung sorgen Shows und Revues mit leichtbeschürzten Showgirls. Die Krönung des Spielparadieses schuf vor einigen Jahren Mister Donald Trump mit dem Bau des Taj Mahal.

Wenn Ruth den Inhalt ihrer Plastiktüte an die einarmigen Banditen verloren hat, macht sie gewöhnlich einen Bummel am Boardwalk, füttert Vögel oder Fische, tröstet andere Verlierer, die geknickt am Strand sitzen, und überlegt sich eine todsichere Strategie für einen neuen Anlauf. Am nächsten Morgen steht sie wieder pünktlich vor dem Drugstore und wartet auf den Bus.

Die Busse starten von verschiedenen Haltestellen, einigen Hotels und Reisebüros. Hat man Sie vor dem Casino abgesetzt, bekommen Sie in der Regel Ihren »Fahrpreis« in »Spielgeld« wieder ausgezahlt – für einen sorglosen Auftakt im Las Vegas der Ostküste.

Für alle Exkursionen gilt: Wenn Sie sich ein Auto mieten möchten, sollten Sie das außerhalb von New York City tun, das spart Geld und einen mühsamen Trip durch die überfüllten Großstadtstraßen.

Mit den öffentlichen Verkehrsmitteln kommen Sie bequem zu allen größeren Städten, dort können Sie ein Auto oder auch ein Fahrrad leihen – falls Ihnen die kulinarischen Köstlichkeiten New Yorks zu sehr gemundet haben oder Sie Ihrer Lunge etwas Frischluft gönnen möchten.

Daß Sie Ihren Ausflug auf einen Wochentag legen sollten, versteht sich von selbst; es sei denn, Sie möchten sich nicht um die Erfahrung eines richtig amerikanischen Staugefühls bringen lassen. Mit den Kosten verhält es sich leider genau umgekehrt: Die Gebühren sind am Wochenende günstiger. Das erfordert eine genaue Abwägung dessen, was man bevorzugt schonen möchte: die Nerven oder den Geldbeutel beziehungsweise die Kreditkarte, denn gegen Cash werden Sie sich schwertun, ein Auto zu bekommen. In jedem Fall empfiehlt es sich, das Kleingedruckte auf dem Vertrag genauestens zu lesen – vor allem im Hinblick auf C. D. W.: *Collision Damage Waiver* ist eine Versicherungsform, die die Kosten erheblich steigern kann. Auch wenn der Schaden scheinbar geringfügig aussieht, unterschreiben Sie besser keine Verzichtserklärung.

Selbst wenn Sie nur an einem Gläschen Alkohol genippt haben, sollten Sie besser die Hände vom Steuerrad lassen. Alkohol am Steuer, *drinking and driving*, gilt als schweres Vergehen, das mit hohen Geld- und sogar Gefängisstrafen geahndet wird, sogar die angebrochene Whiskyflasche im Auto ist schon verfänglich.

Für den Ausflug nach Atlantic City können Sie sich die Rent-a-car-Umständlichkeiten sparen, mit dem Bus kommen Sie günstiger weg. Sollte Ihnen Fortuna hold sein, können Sie immer noch eine Rückkehr in der Luxuslimousine oder im Helikopter in Betracht ziehen.

Last but not least

gilt es noch eine der meistgestellten Fragen zu klären:
»Warum« wird New York Big Apple genannt?«

Seine Wurzeln hat der fruchtige Spitzname im Künstlerjargon. *There are many apples on the tree, but when you pick New York, you pick the Big Apple* – »Es hängen viele Äpfel am Baum, doch wenn du New York erwischst, hast du den großen Apfel gepflückt.« 1971 startete das New York Convention & Visitors Bureau mit »Big Apple« eine Werbekampagne – offensichtlich mit durchschlagendem Erfolg.

Wenn auch New York eher einer prallen, reifen Melone gleicht als einem großen Apfel: Von außen weiß man nie, was einen erwartet, doch hat man an einem schwülen Sommertag ein süßes, saftiges Stück Fruchtfleisch auf der Gabel, will man nichts anderes mehr!

In diesem Sinne wünsche ich Ihnen, daß das beste Stück New York auf Ihrer Gabel landet.

Gerhard Dambmann

Gebrauchsanweisung für Japan

181 Seiten. SP 3225

Kaum ein Land bleibt dem Fremden ein solches Rätsel wie Japan. Aus längjähriger Kenntnis des Inselstaates und seiner Bewohner gelingt es dem Autor, mit Einfühlungsvermögen und Witz dem Europäer einen Einblick in japanische Denk- und Lebensart zu vermitteln.

Maxim Gorski

Gebrauchsanweisung für Deutschland

173 Seiten. SP 3226

Aus der Sicht des nicht immer ganz unvoreingenommenen Beobachters schildert der russische Journalist Maxim Gorski ebenso liebenswürdig wie hinterhältig seine Eindrücke von diesem merkwürdigen Land und gibt wichtige Hinweise für den pfleglichen Umgang mit den Deutschen – nützlich für jeden Fremden, unentbehrlich für den Einheimischen.

»Gorskis Text insgesamt ist so charmant und witzig, so angefüllt mit treffenden Beobachtungen und feinsinnigem Spott, daß man das hübsche Büchelchen in einer Nacht ausliest.«
Frankfurter Allgemeine Zeitung

Natalie John

Gebrauchsanweisung für New York

194 Seiten. SP 3227

Für das Überleben in New York braucht man starke Nerven und eine genaue Kenntnis dessen, was man tun kann und was man besser lassen sollte. Scharfsinnig und witzig beschreibt Nathalie John die entscheidenden Überlebensstrategien für die amerikanische Metropole und gibt Hinweise für Abenteuer im Großstadtdschungel.

Ralf Sotscheck

Gebrauchsanweisung für Irland

208 Seiten. SP 3228

»Sotscheck will nicht lyrisch, sondern informativ sein; er überzeugt mit seiner genauen, unterschwellig oft ironischen Sprache ebenso wie mit seiner dem Gegenstand angemessenen Freude an Anekdoten.«
Die Presse, Wien

PIPER

Paul Watzlawick
Gebrauchsanweisung für Amerika

159 Seiten mit sieben Zeichnungen von Magi Wechsler. Geb.

Die USA eignen sich zum Traumland wie zum Feindbild:
Im Lande der unbegrenzten Möglichkeiten gibt es bis heute
noch keine runden Fußbälle, und seine Bewohner können
immer noch nicht mit Messer und Gabel gleichzeitig essen.
Grund genug, sich dem erfahrenen Atlantik-Pendler Paul
Watzlawick anzuvertrauen …
Diese »Gebrauchsanweisung« ist kein Reiseführer im land-
läufigen Sinn, sie erwähnt keine Kathedralen und Museen,
sondern will dem Europäer die USA-Wirklichkeit näher-
bringen – von der tierisch ernsten Zollkontrolle am Flugplatz,
den unvermuteten Tücken der amerikanischen Uhrzeit, des
Datums, der Maße, Gewichte und Adressen, von Kredit und
Kreditkarten sowie den Merkwürdigkeiten der Umgangsspra-
che bis zum Begründer dieser Gewohnheiten und Institutionen,
dem »homo americanus«. Auch an sich trockene Themen wie
Verkehrsgesetze oder Dienstleistungen des Telefons werden
leicht, humorvoll und manchmal boshaft behandelt.

Arno Frank Eser

Gebrauchsanweisung für Kuba

204 Seiten. Geb.

Alles an ihr ist Mythos – die grüne Karibikinsel Kuba. Seit Jahrhunderten scheinen sich auf Kuba die Widersprüche zu einer berauschenden Stilübung zu vereinen – Mambo und Jazz, Katholizismus und Santeria, die sozialistische Revolution und die versunkene Pracht der Zuckerbarone. Kuba, das war schon immer Improvisation, wer dort überleben will, braucht Phantasie und Gelassenheit. Dort, wo die Hotelhallen wie Kulissen für Gangsterfilme wirken, wird der alltägliche Behördengang zur absurden Komödie, der Brotkauf zur Geduldsprobe. Trotz allem, trotz politischer Repression durch die kommunistische Partei ihres *comandante* Fidel Castro, trotz des täglichen Stromausfalls lieben die Kubaner ihre Heimat, sie sind die Meister im Verdrängen. Sie haben sich eingerichtet mit den zerfallenden Fassaden und den vielen Freizeit-Prostituierten, den *jineteras*. Davon und wie man trotz Treibstoffmangel und Schlaglochorgien über die Insel kommt, erzählt Arno Frank Eser auf kurzweilige und anregende Weise.

PIPER

Heinz Ohff
Gebrauchsanweisung für
Schottland

208 Seiten. Geb.

Schottland ist nicht England. Es hat eine eigene Sprache,
eine eigene Kultur, eine eigene Rechtsprechung, eine eigene
Kirche und sogar ein eigenes Wetter. Wie es dazu – und zur
Vereinigung mit dem Inselnachbarn, England – kam, sollte
man wissen, ehe man das Land besucht. Heinz Ohff erzählt
nicht nur Wichtiges aus der schottischen Geschichte,
sondern auch von den Eigenheiten der Leute im Norden
Großbritanniens, in Lowlands und Highlands. Warum sich
zum Beispiel Glasgow und Edinburgh ebenso wenig mögen
wie Dundee und Aberdeen, was es mit Porridge, Whisky
oder Haggis auf sich hat, warum die schottische Küche so gut
und mancher Dialekt so unverständlich ist. Fragen nach dem
Ungeheuer von Loch Ness, den Regeln der Highland-Games,
dem angeblichen Geiz der Bewohner und was diese unterm
Kilt tragen, erübrigen sich nach der Lektüre dieses Buches.

Heinz Ohff
Gebrauchsanweisung für England

187 Seiten. Geb.

Es gibt sicher kein Land auf der Welt, das einer Gebrauchsanweisung dringender bedarf als England. Ob Royals oder
Roastbeef, Linksverkehr oder Rechtsgebräuche: Heinz Ohff
führt in alle Absonderlichkeiten des Inselkönigreiches mit
jenem Humor ein, der seit jeher als Abbild englischer Fleisch-
gerichte, keinesfalls aber des englischen Wetters gilt – dem
trockenen.
Ein Buch für alle, die England lieben, und eine freundliche
und verständnisvolle Einführung in die Eigenart eines ganz
besonderen europäischen Volkes.

PIPER

Nikolaus Nützel

Gebrauchsanweisung für Andalusien

202 Seiten. Geb.

Ganz Spanien ist katholisch. Ganz Spanien? Nein, in Andalusien erheben sich neben den christlichen Kathedralen stolze Minarette in den Himmel: Das jahrhundertealte maurische Erbe in Städten wie Sevilla und Malaga ist unübersehbar. Doch auch in anderer Hinsicht gedeihen in der spanischsten aller spanischen Regionen die Gegensätze: die inbrünstig begangenen Osterprozessionen, Fest reuiger Sünder, sind Jahrmarkt der Eitelkeiten und neben der berühmten Corrida größtes Spektakel des Landes. In Andalusien leben die reichsten Feudalherren neben den ärmsten Tagelöhnern, versucht man noch immer, das Heute mit dem Gestern zu versöhnen. Und natürlich spricht hier niemand spanisch – nur deutsch und andalusisch. Wie all diese Gegensätze zueinanderfinden und was es mit den Weißen Dörfern und den legendären Gitanos auf sich hat, davon schreibt Nikolaus Nützel in seinem Buch über das mythische Andalusien, die beliebteste Reiseregion der iberischen Halbinsel.

Susanna Schwager/Michael Hegglin
Gebrauchsanweisung für Mexiko

Eine Reise nach Mexiko wird zur Liebesgeschichte, die einen
nicht mehr losläßt. 201 Seiten. Geb.

So groß wie Westeuropa, aber weitaus vielfältiger, taucht
Mexiko aus dem Meer auf und erhebt sich, schneebedeckt,
fast 6000 Meter hoch, verbindet Atlantik, Pazifik, Karibik und
Wüste. Europäischer Rationalismus und indianische Schwere,
kosmopolitische Moderne und ländliche Urzeit, Realität und
Magie treffen aufeinander und vermählen sich zu einer eigen-
tümlichen Mischung. Von diesem Land wird man nicht verzau-
bert, man wird behext, und Reisen in sein Inneres werden zum
Abenteuer für Sinne, Gemüt und Geist. Doch wer sich Mexiko
hingibt, erlebt eine Liebesgeschichte, die er so schnell nicht
vergißt.

Uli Franz

Gebrauchsanweisung für Tibet

206 Seiten. Geb.

Kennen Sie Tenzin Gyatso? Nein? Er ist der XIV. Dalai Lama und damit der prominenteste Tibeter. Er ist ein Mythos, ebenso wie sein Land, von dem man sagt, es sei der Erde entrückt und dem Himmel nahe. Tibet ist das Dach der Welt und durchdrungen von einer allumfassenden Lehre, die mehr ist als eine Religion, dem Buddhismus. Für viele ist es deshalb spiritueller Zufluchtsort, seine Klöster sind Reiseziel aller ausländischen Besucher. Doch Tibet ist nicht nur unendlicher Raum und sagenumwobene Heimat des Yeti – es liegt auch sehr real zwischen dem kleinen Nepal und dem unnachgiebigen China. Seine Besetzung durch die Großmacht aber hat die romantischen Vorstellungen ausländischer Besucher von Tibet nicht zerstören können.

Uli Franz liefert aus nächster Nähe das Porträt einer erhabenen Kultur, und wir erfahren von der tiefen Spiritualität der Tibeter ebenso wie von dem jahrhundertealten Ringen des chinesischen Drachens mit dem tibetischen Schneelöwen.

PIPER

Uli Franz
Gebrauchsanweisung für China

208 Seiten. Geb.

China ist ein Labyrinth mit vielen Sackgassen. Wer seinen Fuß
hineinsetzt, braucht einen Kompaß, um sich zurechtzufinden.
Aufgebrochen, die größte Industriemacht Asiens zu werden,
ist das ehemalige Reich der Mitte noch immer altes Kulturland
mit einer über 5000 Jahre alten Zivilisation. Dieser Balanceakt
drückt sich in allen Gegensätzen des Landes aus: Die Partei-
parolen und das Wortritual – sind sie nun eine Errungenschaft
des Sozialismus oder ein Überbleibsel des Feudalismus? Oder
die Glaspaläste der Megastädte und die Lehmhütten hinter
Bambushainen, das T-Shirt neben dem Mao-Kittel – sind sie
alle Teil ein und desselben Landes?
Uli Franz bietet dem Leser Einblick und Verständnis in diese
für Europäer immer noch so fremde Welt.

PIPER

Martin Pristl

Gebrauchsanweisung für Griechenland

192 Seiten mit 16 Zeichnungen von Kostas Mitropoulos. Geb.

Mehr als zehn Millionen Touristen landen Jahr für Jahr auf den rund 130000 Quadratkilometern Erde zwischen dem Morgen- und dem Abendland: in Griechenland. Goethe, selbst niemals dort gewesen, mußte wohl so manche Sonderlichkeit geahnt haben und empfahl, das Land der Griechen mit der Seele zu suchen. Viele scheitern jedoch schon auf der Suche nach den weißen, unberührten Traumstränden, die auf so vielen Werbeplakaten in den Reisebüros abgebildet sind. Martin Pristl weiß, daß es in Wirklichkeit immer ein und derselbe ist: der Myrthos Beach auf der Insel Kephallonia, praktisch unerreichbar für Normalsterbliche und gerade deshalb noch so göttlich.

Die Geschichte vom Myrthos Beach ist nur eines der Geheimnisse, die der Autor lüftet. Er kennt viele verborgene Schätze jenseits von Sand und Säulen – vor allem aber läßt er den Leser einen tiefen Blick in das größte Geheimnis des Landes werfen: in die Seele der Griechen selbst.

Jiři Gruša
Gebrauchsanweisung für Tschechien

201 Seiten. Geb.

Tschech heißt der Stammvater der Tschechen, und mit ihm beginnt Jiři Gruša sein Buch: »Milch und Honig im Überfluß« meldet Tschech alttestamentarisch aus seiner Heimat. Nach ihm erkannten das auch viele andere. Tschechien wurde zum »Durchhaus Europas«, ein Ort, an dem sich die Kulturen mischten und gegenseitig inspirierten. Herausgekommen ist am Ende laut Gruša der moderne Tscheche, der Bastler, Tüftler und Praktiker, den er liebenswert als optimistischen Nörgler bezeichnet, ein Nachfahre des braven Soldaten Schwejk, dem ein wundervolles Kapitel gewidmet ist.
Gruša entfacht in seiner »Gebrauchsanweisung für Tschechien« ein Feuerwerk an Zusammenhängen, Anspielungen und handfesten Informationen über sein Heimatland. Von der bewegten Geschichte über die reiche Literatur und von der zungenbrecherischen Sprache bis hin zum Böhmischen Knödel erfährt der Leser höchst Wissenswertes und manches ungeahnte Detail über unsere östlichen Nachbarn.

PIPER

Thomas Küng
Gebrauchsanweisung für die Schweiz

Unter Mitarbeit von Peter Schneider. 206 Seiten mit zehn
Zeichnungen von Peter Gut. Geb.

Jeder kennt die Schweiz, aber jeder weiß auch, daß sie ganz
anders ist. Mit liebevoll grausamer Freude am Detail, aber nie
die Grenzen der Fairness überschreitend, wird hier dargestellt,
wie das viersprachige Alpengärtlein zwischen Bankverein und
Toblerone funktioniert.

»Allein die akribischen Beschreibungen des helvetischen
Alltags sind, weil zum Lachen in ihrer Detailbesessenheit,
die Lektüre wert. Ein ideales Geschenk für alle, die schon
immer mehr wissen wollten über das herzige Alpenland
Schweiz und seine Bewohner.«
Annabelle